U0653196

ERP沙盘模拟实验指导书

（第 3 版）

舒 曼 主编

微信扫描
获取课件等资源

南京大学出版社

内 容 简 介

本书理论联系实际，结合实验过程，在理论讲解的基础上，以 ERP 操作的各功能模块为主线，阐述了 ERP 沙盘实战流程，步骤清晰，可操作性强。

全书共分为 6 个项目，分别从 ERP 及模拟企业经营知识准备、模拟企业及市场竞争规则、ERP 沙盘模拟实战、经营过程与结果的分析评价以及工具的开发与使用等角度进行编写，并提供了运营手册和实验报告范本。

本书可作为高职高专和本科等各类院校开设 ERP 沙盘实训课程的教材或参考书，也可作为企业中高级管理人员培训用书。

图书在版编目（CIP）数据

ERP 沙盘模拟实验指导书 / 舒曼主编. -- 3 版. --
南京：南京大学出版社, 2021.5
　　ISBN 978-7-305-24079-9

　　Ⅰ. ①E… Ⅱ. ①舒… Ⅲ. ①企业管理－计算机管理
系统－高等职业教育－教学参考资料 Ⅳ. ①F272.7

　　中国版本图书馆 CIP 数据核字(2020)第 258565 号

出版发行南京大学出版社
社　　址　南京市汉口路 22 号　　　　　邮　　编　210093
出 版 人　金鑫荣

书　　名　ERP 沙盘模拟实验指导书
主　　编　舒　曼
责任编辑　武　坦　　　　编辑热线　025-83592315

印　　刷　南京玉河印刷厂
开　　本　787×1092　1/16　印张 12　字数 307 千
版　　次　2021 年 5 月第 3 版 2021 年 5 月第 1 次印刷
ISBN 978-7-305-24079-9
定　　价　36.00 元

网　　址：http://www.njupco.com
官方微博：http://weibo.com/njupco
微信服务号：njuyuexue
销售咨询热线：(025) 83594756

前 言

　　开展创新创业教育是教育主动适应复杂多变的经济环境的必然选择,ERP沙盘模拟课程为学生提供了模拟创业、体验企业运营的机会。本书以沙盘模拟课程为主体,通过将企业真实的内部经营环境与外部竞争环境抽象为虚拟企业市场运营规则,帮助学生通过角色扮演、情景模拟,体验在虚拟的市场竞争中,根据市场竞争需求,在资源有限的情况下,合理组织生产,经历企业的创建和经营管理过程。

　　本书以用友实物ERP沙盘及与之配套的"创业者"电子沙盘的规则为基础,将手工盘规则与电子盘规则相统一,并考虑ERP沙盘模拟的通用性,在2版的基础上做了大量改进,从而更加符合ERP沙盘学习的规律,方便教学的组织。本书从ERP沙盘模拟实战知识准备,到ERP沙盘模拟实战年初、日常运营及年末工作经营的全过程,到企业经营分析评价,详细地阐述了企业经营成败的关键。本书立足于教学,突出实用性和可操作性,促进学生创业能力和创业意识等综合素质的培养。

　　本书由抚顺职业技术学院舒曼担任主编,天津财经大学王新玲参与编写。具体分工如下:舒曼主要编写项目一至项目四,王新玲主要编写项目五、项目六及附录。舒曼负责全书的统稿、定稿。

　　在写作过程中,我们还借鉴和参阅了其他相关ERP沙盘模拟课程的教材,在此对其他教材的作者表示感谢。由于写作时间和作者水平有限,疏漏之处在所难免,敬请读者批评指正。

编　者

2020 年 12 月

本书 PPT 下载

目 录

ERP 与企业经营沙盘模拟

任务一　企业经营管理认知

一、企业的概念

什么是企业？国内外至今还没有一个统一的表述。一般认为，企业是依法设立的以营利为目的的，从事商品生产经营和服务活动的独立核算的经济组织。

通常，一个企业要具备以下要素：拥有一定数量、一定技术水平的生产设备和资金；具有开展一定生产规模和经营活动的场所；具有一定技能、一定数量的生产者和管理者；从事商品的生产、流通等经济活动；自主经营、独立核算，具有法人地位；生产经营活动的目的是获取利润。

知识链接

关于企业经营活动的目的究竟是什么，"财务管理"等课程中已有很多的论述。著名管理学大师彼得·德鲁克有这样的论述："……关于企业的目的，只有一个正确有效的定义——'创造顾客'。市场不是由上帝、大自然或经济力量创造的，而是由企业家创造的。企业家必须设法满足顾客的需求，而在他们满足顾客需求之前，顾客也需要感觉到这种需求。就像饥荒时渴求食物一样，不能满足的需求可能主宰了顾客的生活，在他清醒的每一刻，这种需求都盘旋在他的脑海中。但是，在企业家采取行动满足这些需求之后，顾客才真的存在，市场也才真的诞生，否则之前的需求都只是理论上的需求。顾客可能根本没有察觉到这样的需求，也可能在企业家采取行动——通过广告、推销或发明新东西，创造需求之前，需求根本不存在。每次都是企业的行动创造了'顾客'。"

二、企业环境

企业所处的环境包括内部环境和外部环境。

（一）企业内部环境

企业内部环境是指企业内部的物质、文化环境的总和,包括企业资源、企业能力、企业文化等因素,也称为企业内部条件,即组织内部的一种共享价值体系。

企业内部环境是有利于保证企业正常运行并实现企业利润目标的内部条件与内部氛围的总和。它由企业家精神、企业物质基础、企业组织机构和企业文化构成,四者相互联系、相互影响、相互作用,形成了一个有机整体。企业内部环境分析可以从企业内部管理、市场营销能力、企业财务和其他内部因素等几个方面进行分析。

（二）企业外部环境

企业外部环境是对企业绩效起着潜在影响的外部机构,可分为一般环境与具体环境。

一般环境包括组织外的一切,如经济因素、政治条件、社会背景及技术因素;还包括能影响企业但联系尚不清楚的条件,如技术的发展。企业管理者通常将更多的注意力放在具体环境上。具体环境是与实现企业利润目标直接相关的那部分环境,是由对企业产生积极或消极影响的关键顾客或要素构成的,对每一个企业而言是不同的,并随着条件的改变而改变。典型的情况包括供应商、顾客、竞争者、政府机构及公共压力等。

① 经济因素。它包括利率、通胀率、可支配收入的变动等,是一般环境中能够影响企业组织管理实践的一些因素。

② 政治条件。它包括一个企业在其经营的所在国的总体稳定性及政府首脑对工商企业的作用所持的具体态度。

③ 社会背景。管理层必须使其经营适应所在社会变化中的社会预期。管理必须是变化的,例如,企业提供的产品和服务,以及它们的内部政策都必须做相应的改变。

④ 技术因素。当今社会,生产技术日新月异,在过去的几十年中,最迅速的变化也许是发生在技术领域中。

⑤ 供应商。除了原材料、设备的提供者之外,广义的供应商还包括财政及劳动投入的供给者。管理层寻求以尽可能低的成本保证所需投入的持续稳定供应,因为很多投入存在着不确定性,故管理层还必须尽最大努力来保证输入流的持续稳定。

⑥ 顾客。企业是为满足顾客需要而存在的。显然,对一个企业而言,顾客代表着潜在的不确定性,其需求偏好会改变他们对企业产品和服务的需求。

⑦ 竞争者。所有企业,甚至是垄断企业,都有一个或更多个竞争者。任何企业的管理层都不能忽视自己的竞争者,否则他们会付出惨重的代价。

⑧ 政府机构。政府是任何一个企业不请自来的投资者,当企业赢利时,需要缴纳税收。此外,政府的政策导向也会对企业的生产经营决策带来重大的影响。

⑨ 公共压力。社会公众会对企业形成一定的压力,除了对产品的需求等之外,在环境保护等方面,可能会对企业提出更高的要求。

三、企业组织七要素分析

企业组织七要素分析法是麦肯锡顾问公司研究中心设计的,它通过总结一些成功企业的共同特点,给出了企业组织七要素模型,又称 7S 模型,如图 1-1 所示。该模型指出企业在发展过程中必须全面地考虑各方面的情况,包括结构(Structure)、制度(System)、风格(Style)、人员(Staff)、技能(Skill)、战略(Strategy)和共同价值观(Shared Value)。其中结构、制度和战略被认为是企业成功经营的"硬件",风格、人员、技能和共同价值观被认为是企业成功经营的"软件"。

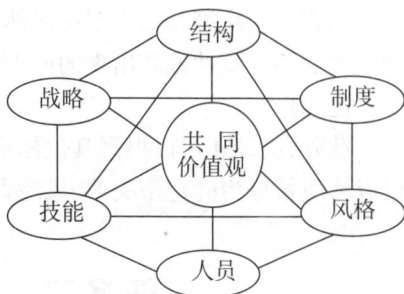

图 1-1   麦肯锡 7S 模型

四、企业管理决策

巴纳德最早在组织的研究中正式提出了决策的概念:"个人的行为从原则上可以分为有意识的、经过计算和思考的行为,以及无意识的、自动的、反应的、由现在或过去的内外情况产生的行为。一般来讲,前面一类行为的先导过程,不管是什么过程,最后都可以归结为'决策'。同时,与决策有关的显然有两点:要达到的目的和采用的方法。"西蒙则明确指出,决策的特征是"在任何时候,都存在着大量(实际)可能的备选方案,一个人可能选取其中任何一个方案。通过某种过程,这些大量的备选方案,被缩减为实际采用的一个方案了"。

(一)决策的概念

决策是指为了达到一定的目标,提出解决问题和实现目标的各种可行方案,依据评定准则和标准,在多种备选方案中,选择一个方案进行分析、判断并付诸实施的管理过程。

(二)决策的种类

依据各种不同的划分标准,决策可以分为多种类型。

① 战略决策、管理决策与业务决策。战略决策是指对涉及组织目标、战略规划的重大事项进行的决策活动,是对有关组织全局性的、长期性的,关系到组织生存和发展的根本问题进行的决策,具有全局性、长期性和战略性的特点。在沙盘模拟经营决策中,市场的开拓、新产品的研发、生产能力的扩展等方面的决策属于战略决策。

管理决策是指对组织的人力、物力、信息、财力资源进行合理配置,以及对组织机构加以改变的决策。这种决策具有局部性、中期性与战术性的特点,是管理中的主要决策。管理决策必须纳入战略决策的轨道,为组织实现战略目标服务。在沙盘模拟经营决策中,资金分配、年度广告投放等属于管理决策。

业务决策是涉及组织中的一般管理,属于处理日常业务的具体决策活动,具有烦琐性、短期性与日常性的特点。在沙盘模拟经营决策中,材料采购、生产线的安排等属于业务决策。

② 程序化决策与非程序化决策。程序化决策是指能够运用常规的方法解决重复性问题以达到目标的决策。程序化决策使管理工作趋于简化和便利,可降低管理成本,简化决策过程,缩短决策时间,也使方案的执行较为容易。同时,由于程序化决策的特点,有利于使用计算机等一些辅助工具进行决策。

非程序化决策是指为解决偶然出现的、一次性或很少重复发生的问题做出的决策。当管理者面临突发性或新出现的问题时，并没有经验性、常规性的解决方法可循，需要一种应变式的反应。

此外，决策还可以根据其他标准进行分类。例如，根据能否预知未来的各种环境条件，可以将决策分为确定型决策、风险型决策和不确定型决策等。

任务二 了解 ERP 企业资源规划

一、引子

在全球竞争激烈的市场环境中，无论是流程式还是离散式，无论是单件生产、多品种小批量生产、少品种重复生产还是标准产品大量生产的制造企业，企业内部管理都可能遇到以下一些问题：企业可能拥有卓越的销售人员推销产品，但是生产线上的工人却没有办法如期交货，车间管理人员则抱怨采购部门没有及时供应所需要的原料；实际上，采购部门的效率过高，仓库里囤积的某些材料可能 10 年都用不完，仓库库位饱和，资金周转缓慢；许多公司要用 6～13 周的时间才能计算出所需要的物料量，所以订货周期只能为 6～13 周；财务部门不信赖仓库部门的数据，不以它来计算制造成本，等等。

以上诸多情况是很多企业目前所面临的一个严峻的问题，然而，针对这一现象，我们又能有什么有效的办法来解决呢？

二、ERP 概念与历程

（一）ERP 概念

ERP（Enterprise Resource Planning，企业资源计划系统），是指建立在信息技术基础上，以系统化的管理思想，为企业决策层及员工提供决策运行手段的管理平台。ERP 系统集中信息技术与先进的管理思想于一身，成为现代企业的运行模式，反映时代对企业合理调配资源、最大化地创造社会财富的要求，成为企业在信息时代生存和发展的基石。

下面从管理思想、软件产品、管理系统 3 个层次给出它的定义：

① 它是由美国著名的计算机技术咨询和评估集团 Garter Group Inc. 提出的一整套企业管理系统体系标准，其实质是在 MRP Ⅱ（Manufacturing Resources Planning，制造资源计划）基础上进一步发展而成的面向供应链（Supply Chain）的管理思想。

② 它是综合应用了客户/服务器体系、关系数据库结构、面向对象技术、图形用户界面、第四代语言（4GL）、网络通信等信息产业成果，以 ERP 管理思想为灵魂的软件产品。

③ 它是集企业管理理念、业务流程、基础数据、人力和物力、计算机硬件和软件于一体的企业资源管理系统。

ERP 的作用及其与企业资源、信息技术的关系可以表述如下：

① 企业资源与 ERP。厂房、生产线、加工设备、检测设备、运输工具等都是企业的硬件资源,人力、管理、信誉、融资能力、组织结构、员工的劳动热情等都是企业的软件资源。企业在运行发展中,这些资源相互作用,形成企业进行生产活动、完成客户订单、创造社会财富、实现企业价值的基础,反映企业在竞争发展中的地位。

ERP 系统的管理对象便是上述各种资源及生产要素。通过 ERP 的使用,使企业的生产过程能及时、高质量地完成客户的订单,最大程度地发挥这些资源的作用,并根据客户订单及生产状况做出调整资源的决策。

② 调整运用企业资源。企业发展的重要标志便是合理调整和运用上述资源。在没有 ERP 这样的现代化管理工具时,企业资源状况及调整方向不清楚,要做调整安排是很困难的,调整过程会比较漫长,企业的组织结构只能是金字塔形的,部门间的协作交流相对较弱,资源的运行难以把握和调整。信息技术的发展,特别是针对企业资源进行管理而设计的 ERP 系统正是针对这些问题设计的,其成功推行的结果必使企业能更好地运用资源。

③ 信息技术对资源管理的作用。计算机技术特别是数据库技术的发展为企业建立管理信息系统,甚至对改变管理思想起着不可估量的作用,管理思想的发展与信息技术的发展是互为因果的关系。实践证明,信息技术已在企业的管理层面扮演着越来越重要的角色。

(二)ERP 理论的形成阶段

信息技术最初在管理上的运用,是十分简单的,主要是记录一些数据,方便查询和汇总,而现在发展到建立在全球 Internet 上的跨国家、跨企业的运行体系,粗略可分为以下阶段,如图 1-2 所示。

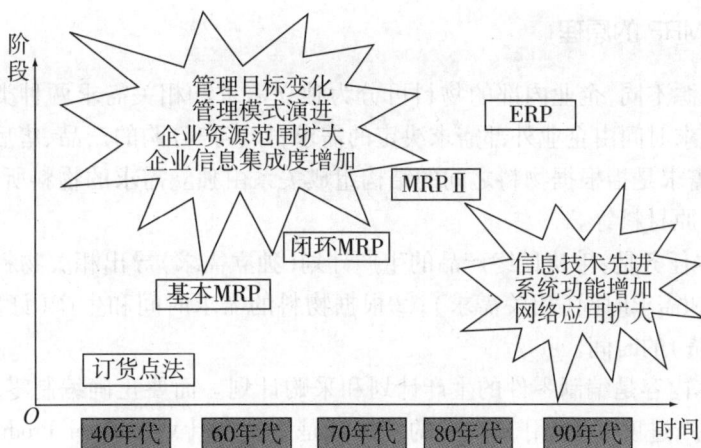

图 1-2 ERP 理论的形成阶段

1. 库存订货点理论

20 世纪 40 年代初期,西方经济学家通过对库存物料随时间推移而被使用和消耗的规律的研究,提出了订货点的方法和理论,当时计算机系统还没有出现。企业控制物料的需求通常采用控制库存物品数量的方法,为需求的每种物料设置一个最大库存量和安全库存量。

2. MRP(Material Require Planning)阶段

企业信息管理系统对产品的构成进行管理,借助系统及计算机的运算能力对客户订单、在库物料、产品构成进行管理,实现依据客户订单,按照产品结构清单展开并计算物料需求计划,达到减少库存、优化库存的管理目标。

3. MRP Ⅱ 阶段

在 MRP 管理系统的基础上,增加了对企业生产中心、加工工时、生产能力等方面的管理,以实现计算机进行生产排程的功能,同时也将财务的功能囊括进来,在企业中形成以计算机为核心的闭环管理系统,这种管理系统已能动态监察到产、供、销的全部过程。

4. ERP 阶段

进入 ERP 阶段后,以计算机为核心的企业级的管理系统更为成熟,又增加了包括财务预测、生产能力、调整资源调度等方面的功能。配合企业实现准时化采购管理、全面质量管理和生产资源调度管理及辅助决策的功能,成为企业进行生产管理及决策的平台工具。

5. 电子商务时代的 ERP

Internet 技术的成熟为企业信息管理系统增强了与客户或供应商实现信息共享和直接的数据交换的能力,从而强化了企业间的联系,形成共同发展的生存链,实现整个供应链的管理。ERP 系统相应实现这方面的功能,使决策者及业务部门实现跨企业的协作。

综上所述,ERP 的应用的确可以有效地促进现有企业管理的现代化、科学化,适应竞争日益激烈的市场要求。它的导入,已经成为大势所趋。

三、MRP 基本原理

MRP 是一个复杂的管理信息系统,了解 MRP 原理,首先要了解其发展阶段。

(一) 基本 MRP 的原理

按需求的来源不同,企业内部的物料可分为独立需求和相关需求两种类型。独立需求是指需求量和需求时间由企业外部需求决定的需求,如客户订购的产品、售后维修需要的备品备件等;相关需求是指根据物料之间的结构组成关系由独立需求的物料所产生的需求,如半成品、零部件、原材料等。

MRP 的基本任务是:①从最终产品的生产计划(独立需求)导出相关物料(原材料、零部件等)的需求量和需求时间(相关需求);②根据物料的需求时间和生产(订货)周期来确定其开始生产(订货)的时间。

MRP 的基本内容是编制零件的生产计划和采购计划。而要正确编制零件计划,首先必须落实产品的生产进度计划,用 MRP Ⅱ 的术语就是主生产计划(Master Production Schedule, MPS),这是 MRP 展开的依据。MRP 还需要知道产品的零件结构,即物料清单(Bill Of Material, BOM),才能把主生产计划展开成零件计划;同时,必须知道库存数量才能准确计算出零件的采购数量。因此,基本 MRP 的依据是:①主生产计划;②物料清单;③库存信息。它们之间的逻辑流程关系如图 1 – 3 所示。

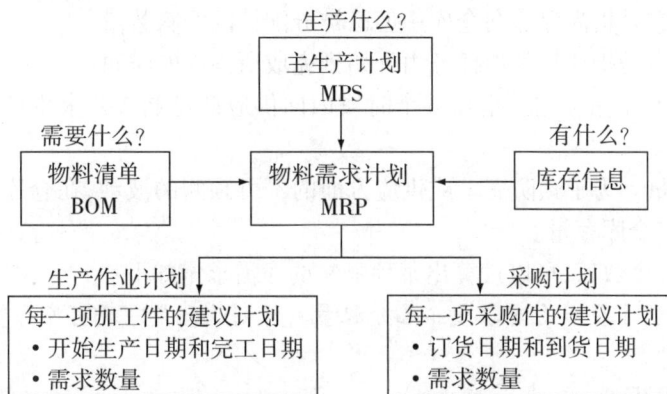

图 1-3　MRP 逻辑流程关系

（二）MRP 基本构成

1. 主生产计划

主生产计划是确定每一具体的最终产品在每一具体时间段内生产数量的计划。这里的最终产品是指对于企业来说最终完成、要出厂的完成品，它要具体到产品的品种、型号。这里的具体时间段，通常是以周为单位，在有些情况下，也可以是日、旬、月。主生产计划详细规定生产什么、什么时段应该产出，它是独立需求计划。主生产计划根据客户合同和市场预测，把经营计划或生产大纲中的产品系列具体化，使之成为展开物料需求计划的主要依据，起到了从综合计划向具体计划过渡的承上启下的作用。

2. 产品结构与物料清单

MRP 系统要正确计算出物料需求，特别是相关需求的时间和数量，首先要使系统能够知道企业所制造的产品结构和所有要使用到的物料。产品结构列出构成成品或配件的所有部件、组件、零件等的组成、装配关系和数量要求，是 MRP 产品拆零的基础。如图 1-4 所示，它是一个大大简化了的自行车的产品结构图，大体反映了自行车的构成。

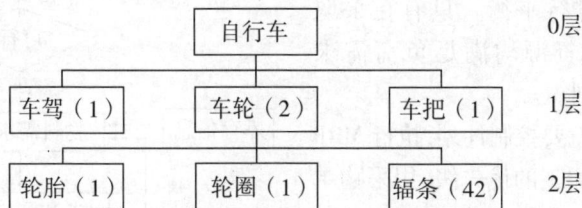

图 1-4　自行车产品结构

3. 库存信息

库存信息数据库保存了企业所有产品、零部件、在制品、原材料等的存在状态。在 MRP 系统中，将产品、零部件、在制品、原材料，甚至工装工具等统称为"物料"或"项目"。为便于计算机识别，必须对物料进行编码。物料编码是 MRP 系统识别物料的唯一标志。

① 现有库存量。它是指在企业仓库中实际存放的物料的可用库存数量。

② 计划收到量（在途量）。它是指根据正在执行中的采购订单或生产订单，在未来某个时段物料将要入库或将要完成的数量。

③ 分配量。它是指尚保存在仓库中但已被分配掉的物料数量。

④ 提前期。它是指执行某项任务由开始到完成所消耗的时间。

⑤ 订购（生产）批量。它是指在某个时段内向供应商订购或要求生产部门生产某种物料的数量。

⑥ 安全库存量。为了预防需求或供应方面的不可预测的波动，在仓库中经常应保持最低库存数量作为安全库存量。

根据以上的各个数值，可以计算出某项物料的净需求量如下：

$$净需求量 = 毛需求量 + 已分配量 - 计划收到量 - 现有库存量$$

四、闭环 MRP

MRP 能根据有关数据计算出相关物料需求的准确时间与数量，但它还不够完善，其主要缺陷是没有考虑到生产企业现有的生产能力和采购的有关条件的约束。因此，计算出来的物料需求的日期有可能因设备和工时的不足而没有能力生产，或者因原料的不足而无法生产。同时，它也缺乏根据计划实施情况的反馈信息进行调整的功能。

正是为了解决以上问题，MRP 系统在 20 世纪 70 年代发展为闭环 MRP 系统。闭环 MRP 系统除了物料需求计划外，还将生产能力需求计划、车间作业计划和采购作业计划也全部纳入 MRP，形成一个封闭的系统。

（一）闭环 MRP 的原理与结构

MRP 系统的正常运行，需要有一个现实可行的主生产计划。它除了要反映市场需求和合同订单以外，还必须满足企业的生产能力约束条件。因此，除了要编制资源需求计划外，我们还要制订能力需求计划（Capacity Requirement Planning，CRP），同各个工作中心的能力进行平衡。只有在采取了措施，做到能力与资源均满足负荷需求时，才能开始执行计划。

要保证实现计划就要控制计划，执行 MRP 时要用派工单来控制加工的优先级，用采购单来控制采购的优先级。这样，基本 MRP 系统进一步发展，把能力需求计划的执行及控制计划的功能也包括进来，形成一个环形回路，称为闭环 MRP，如图 1-5 所示。因此，闭环 MRP 是一个完整的生产计划与控制系统。

（二）能力需求计划

1. 资源需求计划与能力需求计划

在闭环 MRP 系统中，把关键工作中心的

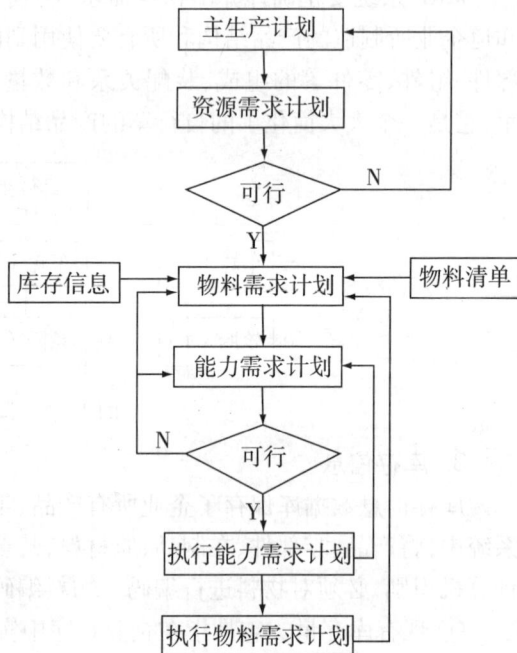

图 1-5　闭环 MRP 逻辑流程

负荷平衡称为资源需求计划,或称为粗能力计划,它的计划对象为独立需求件,主要面向的是主生产计划;把全部工作中心的负荷平衡称为能力需求计划,或称为详细能力计划,它的计划对象为相关需求件,主要面向的是车间。由于 MRP 和 MPS 之间存在内在的联系,所以资源需求计划与能力需求计划之间也是一脉相承的,后者正是在前者的基础上进行计算的。

2. 能力需求计划的依据

① 工作中心。它是各种生产或加工能力单元和成本计算单元的统称。对工作中心,都统一用工时来量化其能力的大小。

② 工作日历。它是用于编制计划的特殊形式的日历,由普通日历除去每周双休日、假日、停工和其他不生产的日子,并将日期表示为顺序形式而形成的。

③ 工艺路线。它是一种反映制造某项物料加工方法及加工次序的文件,说明加工和装配的工序顺序、每道工序使用的工作中心、各项时间定额、外协工序的时间和费用等。

④ 由 MRP 输出的零部件作业计划。

3. 能力需求计划的计算逻辑

闭环 MRP 的基本目标是满足客户和市场的需求,因此在编制计划时,总是先不考虑能力约束而优先保证计划需求,然后再进行能力计划。经过多次反复运算,调整核实,才转入下一个阶段。能力需求计划的运算过程就是把物料需求计划订单换算成能力需求数量,生成能力需求报表,如图 1-6 所示。

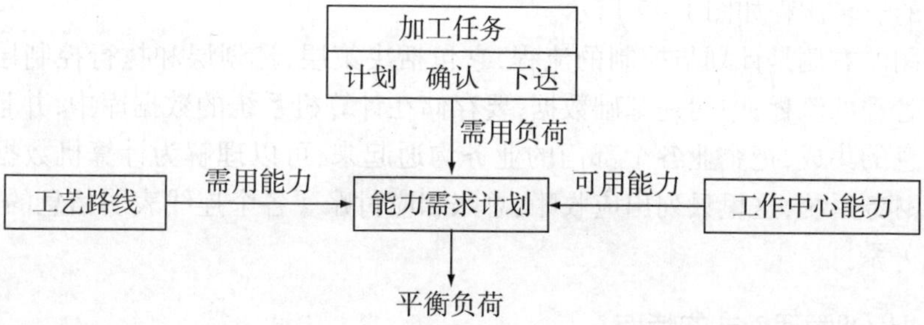

图 1-6　能力需求报表生成过程

当然,在计划时段中也有可能出现能力需求超负荷或低负荷的情况。闭环 MRP 能力计划通常是通过报表的形式向计划人员报告,但是并不进行能力负荷的自动平衡,这个工作由计划人员人工完成。

（三）现场作业控制

各工作中心能力与负荷需求基本平衡后,接下来就要集中解决如何具体地组织生产活动,使各种资源既能合理利用又能按期完成各项订单任务,并将客观生产活动进行的状况及时反馈到系统中,以便根据实际情况进行调整与控制,这就是现场作业控制。它的工作内容一般包括以下 4 个方面:

① 车间订单下达。订单下达是核实 MRP 生成的计划订单,并转换为下达订单。

② 作业排序。它是指从工作中心的角度控制加工工件的作业顺序或作业优先级。

③ 投入产出控制。它是一种监控作业流(正在作业的车间订单)通过工作中心的技术方法。利用投入/产出报告,可以分析生产中存在的问题,采取相应的措施。

④ 作业信息反馈。它主要是跟踪作业订单在制造过程中的运动,搜集各种资源消耗的实际数据,更新库存余额并完成 MRP 的闭环。

五、MRP Ⅱ

闭环 MRP 系统的出现,使生产活动方面的各子系统得到了统一。但这还不够,因为在企业的管理中,生产管理只是一个方面,它所涉及的仅仅是物流,而与物流密切相关的还有资金流。这在许多企业中是由财务人员另行管理的,导致了数据的重复输入与存储,甚至造成数据的不一致。

于是,在 20 世纪 80 年代,人们把生产、财务、销售、工程技术、采购等各个子系统集成为一个一体化的系统,并称为制造资源计划(Manufacturing Resource Planning ,MRP) 系统,英文缩写还是 MRP,为了区别物流需求计划(缩写也为 MRP)而记为 MRP Ⅱ。

(一) MRP Ⅱ 的原理与逻辑

MRP Ⅱ 的基本思想就是把企业作为一个有机整体,从整体最优的角度出发,通过运用科学的方法对企业各种制造资源和产、供、销、财各个环节进行有效的计划、组织和控制,使它们得以协调发展,并充分发挥作用。

MRP Ⅱ 的逻辑流程如图 1-7 所示。

在流程图的右侧是计划与控制的流程,它包括决策层、计划层和执行控制层,可以理解为经营计划管理的流程;中间是基础数据,要存储在计算机系统的数据库中,并且反复调用,这些数据信息的集成,把企业各个部门的业务沟通起来,可以理解为计算机数据库系统;左侧是主要的财务系统,这里只列出应收账、总账和应付账。各个连线表明信息的流向及相互之间的集成关系。

(二) MRP Ⅱ 管理模式的特点

MRP Ⅱ 的特点可以从以下几个方面来说明,每一项特点都含有管理模式的变革和人员素质或行为变革两方面,这些特点是相辅相成的。

1. 计划的一贯性与可行性

MRP Ⅱ 是一种计划主导型管理模式,计划层次从宏观到微观、从战略到技术、由粗到细逐层优化,但始终保证与企业经营战略目标一致。它把计划管理统一起来,计划编制工作集中在厂级职能部门,车间班组只能执行计划、调度和反馈信息。计划下达前反复验证和平衡生产能力,并根据反馈信息及时调整,处理好供需矛盾,保证计划的一贯性、有效性和可执行性。

2. 管理的系统性

MRP Ⅱ 是一项系统工程,它把企业所有与生产经营相关部门的工作连成一个整体,各部门都从系统整体出发做好本职工作,每个员工都知道自己的工作质量同其他职能的关系。这只有在"一个计划"下才能成为系统,条块分割、各行其是的局面应被团队精神所取代。

3. 数据共享性

MRP Ⅱ 是一种制造企业管理信息系统,企业各部门都依据同一数据信息进行管理,任何一种数据变动都能及时反映给所有部门,做到数据共享。在统一的数据库支持下,按照规范化的处理程序进行管理和决策,改变了过去那种信息不通、情况不明、盲目决策、相互矛盾的现象。

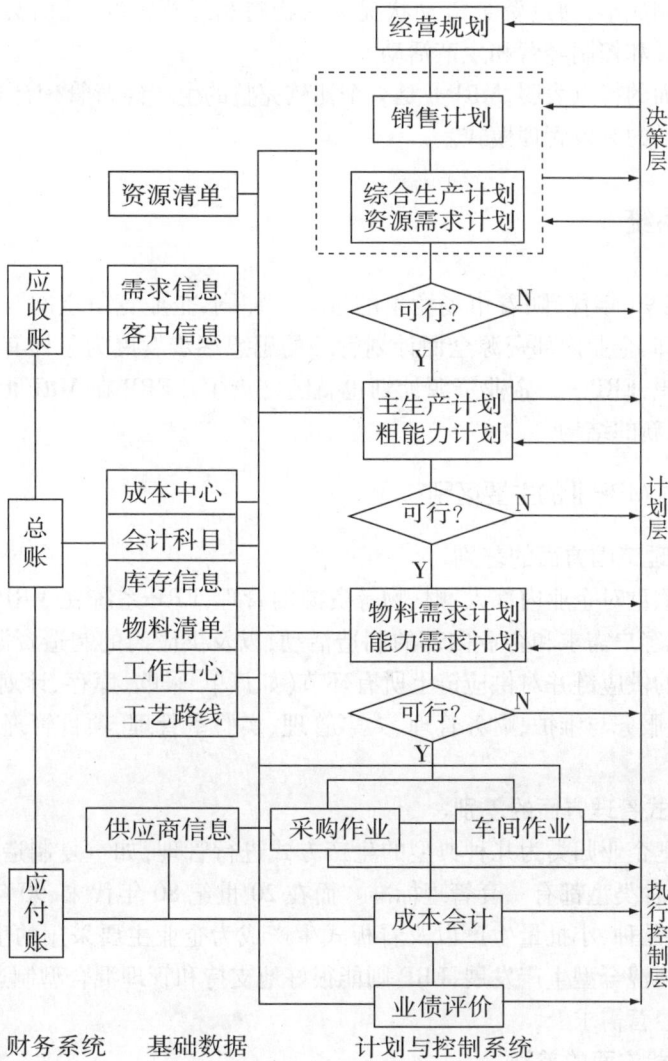

图 1-7 MRP Ⅱ 逻辑流程

4. 动态应变性

MRP Ⅱ 是一个闭环系统,它要求跟踪、控制和反馈瞬息万变的实际情况,管理人员可随时根据企业内外环境条件的变化迅速做出响应,及时调整决策,保证生产正常进行。还可以及时掌握各种动态信息,保持较短的生产周期,因而有较强的应变能力。

5. 模拟预见性

MRP Ⅱ 具有模拟功能,可以解决“如果……将会……”的问题,可以预见在相当长的计划期内可能发生的问题,事先采取措施消除隐患,而不是等问题已经发生了再花几倍的精力去处理。这将使管理人员从忙碌的事务堆里解脱出来,致力于实质性的分析研究,提供多个可行方案供领导决策。

6. 物流、资金流的统一

MRPⅡ包含了成本会计和财务功能，可以由生产活动直接产生财务数据，把实物形态的物料流动直接转换为价值形态的资金流动，保证生产和财务数据一致。财务部门及时得到资金信息用于控制成本，通过资金流动状况反映物料和经营情况，随时分析企业的经济效益，参与决策，指导和控制经营和生产活动。

以上几个方面的特点表明，MRPⅡ是一个比较完整的生产经营管理计划体系，是实现制造业企业整体效益的有效管理模式。

六、ERP 系统

进入 20 世纪 90 年代，随着市场竞争的进一步加剧，企业竞争空间与范围的进一步扩大，MRPⅡ主要面向企业内部资源全面计划管理的思想逐步发展为怎样有效利用和管理整体资源的管理思想，ERP——企业资源计划也就随之产生。ERP 在 MRPⅡ 的基础上扩展了管理范围，给出了新的结构。

（一）ERP 同 MRPⅡ 的主要区别

1. 在资源管理范围方面的差别

MRPⅡ 主要侧重对企业内部人、财、物等资源的管理，ERP 系统在 MRPⅡ 的基础上扩展了管理范围，它把客户需求和企业内部的制造活动，以及供应商的制造资源整合在一起，形成企业一个完整的供应链并对供应链上所有环节（如订单、采购、库存、计划、生产制造、质量控制、运输、分销、服务与维护、财务管理、人事管理、实验室管理、项目管理、配方管理等）进行有效管理。

2. 在生产方式管理方面的差别

MRPⅡ 系统把企业归类为几种典型的生产方式进行管理，如重复制造、批量生产、按订单生产等，对每一种类型都有一套管理标准。而在 20 世纪 80 年代末、90 年代初期，为了紧跟市场的变化，多品种、小批量生产以及看板式生产成为企业主要采用的生产方式，企业由单一的生产方式向混合型生产发展，ERP 则能很好地支持和管理混合型制造环境，满足了企业的这种多元化经营需求。

3. 在管理功能方面的差别

ERP 除了 MRPⅡ 系统的制造、分销、财务管理功能外，还增加了支持整个供应链上物料流通体系中供、产、需各个环节之间的运输管理和仓库管理，支持生产保障体系的质量管理、实验室管理、设备维修和备品备件管理，支持对工作流（业务处理流程）的管理。

4. 在事务处理控制方面的差别

MRPⅡ 是通过计划的及时滚动来控制整个生产过程，它的实时性较差，一般只能实现事中控制。而 ERP 系统支持在线分析处理（OLAP，Online Analytical Processing）、售后服务及质量反馈，强调企业的事前控制能力，它可以将设计、制造、销售、运输等通过集成来并行地进行各种相关的作业，为企业提供了对质量、适应变化、客户满意、绩效等关键问题的实时分析能力。

此外，在 MRPⅡ 中，财务系统只是一个信息的归结者，它的功能是将供、产、销中的数量信息转变为价值信息，是物流的价值反映。ERP 系统则是将财务计划和价值控制功能集成到了整个供应链上。

5. 在跨国（或地区）经营事务处理方面的差别

现在企业的发展，使得企业内部各个组织单元之间、企业与外部的业务单元之间的协调变得越来越多和越来越重要，ERP 系统应用完整的组织架构，从而可以支持跨国经营的多国家或地区、多工厂等应用需求。

6. 在计算机信息处理技术方面的差别

随着 IT 技术的飞速发展，网络通信技术的应用，使得 ERP 系统得以实现对整个供应链信息进行集成管理。ERP 系统采用客户/服务器（C/S）体系结构和分布式数据处理技术，支持 Internet/intranet/extranet、电子商务（E-business、E-commerce）、电子数据交换（EDI）。此外，还能实现在不同平台上的互操作。

（二）ERP 系统的管理思想

ERP 的核心管理思想就是实现对整个供应链的有效管理，主要体现在以下 3 个方面。

1. 体现对整个供应链资源进行管理的思想

现代企业的竞争已经不是单一企业之间的竞争，而是一个企业供应链与另一个企业的供应链之间的竞争，即企业不但要依靠自己的资源，还必须把经营过程中的有关各方（如供应商、制造工厂、分销网络、客户等）纳入一个紧密的供应链中，才能在市场上获得竞争优势。ERP 系统正是适应了这一市场竞争的需要，实现了对整个企业供应链的管理。

2. 体现精益生产、同步工程和敏捷制造的思想

ERP 系统支持混合型生产方式的管理，其管理思想表现在两个方面。一是"精益生产（Lean Production，LP）"的思想，即企业把客户、销售代理商、供应商、协作单位纳入生产体系，同他们建立起利益共享的合作伙伴关系，进而组成一个企业的供应链。二是"敏捷制造（Agile Manufacturing，AM）"的思想。当市场上出现新的机会，而企业的基本合作伙伴不能满足新产品开发生产的要求时，企业组织一个由特定的供应商和销售渠道组成的短期或一次性供应链，形成"虚拟工厂"，把供应和协作单位看成企业的一个组成部分，运用"同步工程"组织生产，用最短的时间将新产品打入市场，时刻保持产品的高质量、多样化和灵活性，这就是敏捷制造的核心思想。

3. 体现事先计划与事中控制的思想

ERP 系统中的计划体系主要包括主生产计划、物流需求计划、能力计划、采购计划、销售执行计划、利润计划、财务预算和人力资源计划等，而且这些计划功能与价值控制功能已完全集成到整个供应链系统中。ERP 系统通过定义事务处理相关的会计核算科目与核算方式，在事务处理发生的同时自动生成会计核算分录，保证了资金流与物流的同步记录及数据的一致性，从而实现了根据财务资金现状追溯资金的来龙去脉，并进一步追溯所发生的相关业务活动，便于实现事中控制和实时做出决策。

七、ERP 能够给企业带来的效益

事实上，ERP 所能带来的巨大效益对很多企业具有相当大的诱惑力。据美国生产与库

存控制学会（APICS）统计，使用一个 MRPⅡ/ERP 系统，可以为企业带来如下经济效益：

① 库存下降 30%～50%。这是人们提得最多的效益。因为它可使一般用户的库存投资减少，库存周转率提高。

② 延期交货减少 80%。当库存减少并稳定的时候，用户服务的水平提高了，使得使用 MRPⅡ/ERP 企业的准时交货率平均提高 55%，误期率平均降低 35%，这就使销售部门的信誉大大提高。

③ 采购提前期缩短 50%。采购人员有了及时准确的生产计划信息，就能集中精力进行价值分析、货源选择，研究谈判策略，了解生产问题，从而缩短了采购时间并节省了采购费用。

④ 停工待料减少 60%。由于零件需求的透明度提高，计划也做了改进，能够做到及时与准确，零件也能以更合理的速度准时到达，因此，生产线上的停工待料现象将会大大减少。

⑤ 制造成本降低 12%。库存费用的下降，劳力的节约，采购费用的节省等一系列人、财、物的效应，必然会引起生产成本的降低。

⑥ 管理水平提高，管理人员减少 10%，生产能力提高 10%～15%。

由以上的数字可以看出，ERP 在全世界掀起了一场关于管理思想和管理技术的革命。这一新的管理方法和管理手段正在以一种人们无法想象的速度在中国的企业中如火如荼地应用和发展，它无疑给我们在市场经济大潮中奋力搏击的众多企业注入了新的血液。因此，为了更好地掌握和使用这一新的管理工具，很有必要先对 ERP 有一个清楚的认识。

任务三　ERP 沙盘模拟企业经营决策

一、沙盘的起源

提到"沙盘"，人们很容易联想到战争年代的军事作战指挥沙盘。"沙盘"一词也正是源于军事学，它通过采用各种模型来模拟战场的地形及武器装备的部署情况，结合战略与战术的变化进行推演；它可以清晰地模拟真实的地形、地貌，摆脱了实兵演习的巨大成本和各种因素的限制，从而在重大战役中得到了普遍的运用。

ⓘ 知识链接

应用沙盘研究作战在我国有着悠久的历史。《史记·秦始皇本纪》中记载："以水银为百川大海，相机灌输，上具天文，下具地理。"秦在布置灭六国时，秦始皇亲自堆制沙盘研究各国的地理形势，在李斯的辅佐下，派大将王翦进行统一战争。后来，秦始皇在修建陵墓时，墓中建造了一个大型的地形模型作为殉葬品。

由于沙盘使用价值高，所以第一次世界大战以后，在军事上得到了广泛的应用。第二次世界大战中，德军每次组织重大战役，都预先在沙盘上予以模拟演练。后来，随着电子计算机技术的发展，出现了计算机模拟战场情况的新技术，促使沙盘向自动化、多样化方向发展。

日常生活中,人们最常见的是房地产开发商销售楼盘时的小区规划布局沙盘,它可以为购房者清晰地模拟出小区的布局,使其不必亲临现场,就能对所关注的位置了然于胸,从而做出决策。

二、沙盘模拟经营决策

(一)企业沙盘模拟决策简介

企业沙盘模拟为学生提供一个模拟的企业运营环境,参加学习的人员分成若干个小组,每个小组由 4~6 人组成一个虚拟的公司。各家公司起点相同,面临的外部环境相同,是同行业中的竞争对手。虚拟公司与其他公司(小组)展开激烈的竞争,在 4~6 年的模拟经营过程中,参与者做出各种决策,如产品研发、市场开拓、生产线投资、资金筹集等,推动企业的生存和发展。

小组中的成员进行着不同的角色扮演,分别担任总经理、财务总监、运营总监、营销总监等,亲身体验一个企业运作的完整流程,亲自操作企业资金流、物流、信息流并协同工作,理解企业实际运作中各个部门的协同工作。

(二)企业沙盘模拟决策的理论知识准备

在企业沙盘模拟决策中,需要运用到的理论知识如下。

1. 战略管理

成功的企业都有着明确的企业战略,包括产品战略、市场战略、竞争战略及财务管理战略。战略管理是企业确定使命,并在宏观层次上充分考虑企业内外的人、财、物及信息等资源,根据企业内外环境设定企业的战略目标,并围绕此目标设计阶段性目标及各阶段目标的执行与实现策略,同时依靠企业内外部力量将目标与策略付诸实施,以及确定战略目标实现的动态管理控制过程。

沙盘模拟中的战略管理,要求学生学会用战略的眼光看待企业的业务和经营,保证业务与战略的一致,在经营的过程中更多地获取战略性成功而非机会性成功。

2. 营销管理

市场营销是企业用价值不断满足客户需求的过程。营销管理是在市场预测与调研的基础上,识别客户的需求或尚未满足的需求,并通过产品研发、定价、促销等手段,促进产品销售,达到提高企业竞争力的管理活动。

沙盘模拟中,模拟了几年的市场竞争,学生将学会如何分析市场、定位目标市场、制定营销战略,并有效实施销售计划,实现企业的战略目标。

3. 生产运作管理

生产运作管理是指对企业提供产品或服务的系统进行设计、运作、评价和改进的管理活动。

沙盘模拟中的生产运作管理,包括采购管理、生产管理、质量管理,要求学生充分利用所学知识,使生产运作与战略管理、营销管理、财务管理的目标协同一致。

4. 财务管理

财务管理是组织企业财务活动、处理财务关系的经济管理工作，涉及企业的筹资、投资、经营活动、利润分配等环节。

在沙盘模拟过程中，学生将清晰地掌握资产负债表、利润表，学会预测现金需求，合理选择筹资方式，并深刻理解现金流对企业的重要性。

5. 信息与情报管理

企业处于竞争的环境中，如果想发展自己并战胜对手，必须学会对信息与情报的搜集与分析。

值得说明的是，每一项独立的决策可能都是容易做出的，然而当它们综合在一起时，将产生许多不同的方案。因此，在沙盘模拟经营决策的操作中，每一家起点都完全相同的虚拟公司，经过几年的运营之后，其结果可能是迥然不同的：有的公司发展壮大了，企业规模、市场占有率很高，同时实现了很高的赢利；有的公司可能只是惨淡维持，甚至不能坚持到最后就已经破产出局。

（三）企业沙盘模拟实验课程的特色

1. 以学生为主，改变了传统的教学方式，增强学习的主动性

企业沙盘模拟实验为实战模拟，学生在模拟训练中，能直观地看见各部门间的运作和相互依赖的关系，深刻体验企业竞争策略对各部门及整体经营结果的影响。无论经营模拟的结果是获利还是破产，其亲身经历和实战心得，将大大提升学生自身的策略规划和决策能力。它将知识理论和实战模拟完整、有机地结合在一起，让学生学会如何创造企业的竞争优势，如何发展竞争策略，如何制订制胜的经营计划。利用沙盘模拟，使学生在课程中经历数年的公司运作，看见长期和短期决策后果，更深刻地体验到如何在市场竞争中脱颖而出，建立成功的企业。

本课程在教学过程中，学生是主体，学生通过运用并学习管理技能，亲自掌控模拟企业的经营决策；教师根据需要，可以进行必要的引导、适时的启发，或者对陷入经营困境的企业提出建议，并对核心问题进行解析。

2. 增强学习兴趣，强化学习动机

管理课程一般都以"案例＋理论"为主，比较枯燥，而且很难把这些理论迅速掌握并应用到实际工作中。而通过模拟沙盘进行培训会增强娱乐性，使枯燥的课程变得生动有趣。通过游戏性的模拟可以激发参与者的竞争热情，让他们有学习的动机——获胜。

通过分组讨论、集中研讨、角色扮演、情景演练、案例分析、教师点评等多种教学手段，将企业经营决策的理论和方法与实际模拟操作紧密结合，使学生在游戏般的操作中感受到完整的决策体验，增强了学生的学习意识，充分调动了学习的积极性，强化了学习的动机，并加深了对企业经营管理理论与方法的理解和深度记忆，确保学习效果。

3. 体验实战，在参与中学习，在实战中提升

沙盘模拟实验方式是让学生通过"做"来"学"。参与者以切实的方式体会深奥的商业思想——学生看到并触摸到商业运作方式。体验式学习使参与者学会收集信息并在将来应用于实践。

学生分别在具有相互竞争的模拟企业，进行角色扮演，在亲身实战中学习到企业经营管理的相关知识,在此基础上增强管理能力和技能,从而提升企业经营管理的实践能力。

4. 完善知识体系,学会团队合作

传统的教学模式是以学科、专业为基础的单一化教学模式,而沙盘模拟实验是对企业经营管理的全面展现,使学生能够在战略管理、营销管理、生产运营管理、财务管理等方面得到全面的学习和感受,建立资源整合的理念,强化细节管理。

沙盘模拟是互动的。当参与者对游戏过程中产生的不同观点进行分析时,需要不停地进行对话。除了学习商业规则和财务语言外,参与者增强了自己的沟通技能,并学会了如何以团队的方式工作。

(四) 企业沙盘模拟实验课程的价值分析

1. 完善管理学科实践教学体系,实现由感性到理性的飞跃

目前,管理学各专业学生的培养,存在着一些共性问题,即随着社会经济的发展和竞争意识的强化,市场对管理类从业人员的知识结构、实践能力和综合素质提出了更高的要求,要求学生具备较强的理论联系实际能力、工作适应能力和动手实践能力,而传统的教学所对应的环节如认识实习等,又因为企业不愿意接收学生实习等客观因素,越来越难以达到实践教学的效果。

因此,建立一个体系完备、模拟仿真的实验教学体系越来越重要。沙盘模拟实验作为企业经营管理仿真实验,引入到原有的实验教学体系后,有效地解决了上述矛盾,完善了管理学科的实践教学体系,如图 1-8 所示。

在沙盘模拟实验过程中,学生经历了一个从理论到实践再到理论的上升过程,把自己亲身经历的宝贵经验转化为全面的理论模型,每一次基于现场的案例分析及基于数据分析的企业诊断,都达到了磨炼商业决策敏感度,提升决策能力及长期规划能力的目的。

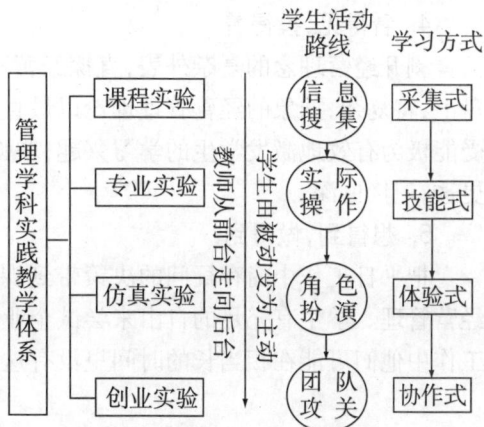

图 1-8　管理学科实践教学体系

2. 拓展知识体系,提升管理技能

传统教育划分了多个专业方向,专业壁垒禁锢了学习者的发展空间和思维方式,而沙盘模拟是对企业经营管理全方位的展现。通过学习,可以在以下方面受益:

① 提高决策能力,从整体上理解公司的经营机制及各种决策对公司经营产生的后果,培养经营者全局视野。

② 掌握制定决策的各种方法和技巧,提高经营决策能力。

③ 理解市场导向基础上的战略管理,理解公司战略如何有效地落实与执行。

④ 理解外部信息的重要作用,提高利用信息进行预测和决策的能力。

⑤ 认识各种决策与经营策略的市场效果,演练企业在不同发展联合体的各种经营手法。

⑥ 培养统观全局和系统思考的能力,建立公司高管团队的共识力,加强沟通技能。

⑦ 培养控制企业风险的能力。

⑧ 加强企业竞争情报的搜集意识，强化市场竞争观念。

⑨ 学会使用各种分析工具，能够诊断企业经营状态。

⑩ 建立精细化管理模式。

3. 全面提高学生的综合素质

① 树立共赢理念。市场竞争是激烈的，也是不可避免的，但竞争并不意味着你死我活。寻求与合作伙伴之间的双赢、共赢才是企业发展的长久之道。这就要求在市场分析、竞争对手分析上做足文章，在竞争中寻求合作，企业才会有无限的发展机遇。

② 全局观念与团队合作。每一个角色都要以企业总体最优为出发点，各司其职，相互协作，才能赢得竞争，实现目标。

③ 个性与职业定位。在沙盘模拟实验过程中，有的公司积极进取、敢冒风险，有的公司稳扎稳打，有的则不知所措。每个个体的特征都会显现出来。虽然个性特点与胜任角色有一定的关联度，但在现实中，更多的是需要大家"干一行，爱一行"。

④ 感悟人生。在市场的残酷竞争与企业经营的风险面前，是"轻言放弃"还是"坚持到底"，这不仅是一个企业可能面临的问题，更是需要在人生中不断抉择的问题。经营自己的人生与经营一个企业具有一定的相通性。

4. 看得见，摸得着

剥开经营理念的复杂外表，直探经营本质。企业结构和管理的操作全部展示在模拟沙盘上，将复杂、抽象的经营管理理论以最直观的方式让学生体验和学习，完整、生动的视觉享受能极为有效地激发学生的学习兴趣，增强学习效果。课程结束后，学生对所学的内容理解更透，记忆更深。

5. 想得到，做得到

把平日工作中尚存疑问的决策带到课程中印证，在几天的课程中模拟企业几年的全面经营管理。学生有充足的自由来尝试企业经营的重大决策，并且能够直接看到结果，在现实工作中他们可能在相当长的时间里没有这样的体验机会。

项目二

模拟企业经营知识准备

任务一 企业战略管理

一、企业战略的定义

在商业背景下,战略是实现和引导企业潜力、实现企业目标、应对日益复杂和不断变化的外部环境的核心概念。企业管理者要对企业的经营业绩负责,同时需要向企业所有者及其他相关利益者提供财务报告。在此背景下,战略提供了一套合理而科学的方法和工具,用于分析和管理企业与其所处环境之间的关系。

20世纪80年代以后,明茨伯格以其独特的认识归纳总结了"战略"的5个定义:计划(Plan)、计谋(Ploy)、模式(Pattern)、定位(Position)和观念(Perspective)。

(一)战略是一种计划

大多数人认为战略是一种计划,代表着用各种各样精心构建的行动或一套准则来处理各种情况。战略包括两个特点:①它是在企业经营活动之前制定的,战略先于行动;②它是有意识、有目的地开发和制订的计划。在企业的管理领域中,战略计划与其他计划不同,它是关于企业长远发展方向和范围的计划,其适用时限长。战略确定了企业的发展方向(如巩固目前的地位、开发新产品等)和范围(如行业、地域等),战略涉及企业的全局,是一种统一的、综合的、一体化的计划,其目的是实现企业的基本目标。

(二)战略是一种计谋

战略也是一种计谋,是要在竞争中赢得竞争对手,或令竞争对手处于不利地位及受到威胁的智谋,这种计谋是有准备和意图的。例如,当企业知道竞争对手正在制订一项计划来提高市场份额时,企业就应准备增加投资去研发更新、更尖端的产品,从而增加自身的竞争力。

（三）战略是一种模式

将战略定义为计划是不充分的。它还应包括由计划导致的行为,即战略是一种模式,是一系列行动的模式或行为模式,或者是与企业的行为相一致的模式。"一系列行动"是指企业为实现基本目的而进行竞争、分配资源、建立优势等决策与执行活动。

（四）战略是一种定位

将战略作为一种定位,涉及企业如何适应所处环境的问题。定位包括相对于其他企业的市场定位(如生产或销售什么类型的产品或服务),如何分配内部资源以保持企业的竞争优势。战略问题是确定自己在市场中的位置,并据此正确配置资源,以形成可以持续的竞争优势。

（五）战略是一种观念

战略不仅仅包含既定的定位,还包括感知世界的一种认识方式。这个角度指出了战略观念通过个人的期望和行为而形成共享,变成企业共同的期望和行为。这是一种集体主义的概念——个体通过共同的思考方式或行动团结起来。

上述 5 个定义反映了人们从不同的角度对战略特征的解释和认识,它们的重要程度并没有差异。了解这些不同的定义,有助于对战略的全面理解。

二、企业战略的特点

（一）战略管理具有全局性

企业的战略管理是以企业的全局为对象,根据企业总体发展的需要而制定的。它所管理的是企业的总体活动,所追求的是企业的总体效果。虽然这种管理也包括企业的局部活动,但是这些局部活动是作为总体活动的有机组成在战略管理中出现的。战略管理不是强调企业某一事业部门或某一职能部门的重要性,而是通过制定企业的使命、目标和战略来协调企业各部门自身的表现。这样也就使战略管理具有综合性和系统性的特点。

（二）战略管理的主体是企业的高层管理人员

由于战略决策涉及一个企业活动的各个方面,虽然它也需要企业上、下层管理者和全体员工的参与和支持,但企业的高层管理人员介入战略决策是非常重要的。这不仅是由于他们能够统观企业全局,了解企业的全面情况,更重要的是他们具有对战略实施所需资源进行分配的权力。

（三）战略管理涉及企业大量资源的配置问题

企业的资源包括人力资源、实体财产和资金,或者在企业内部进行调整,或者从企业外部来筹集。在任何一种情况下,战略决策都需要在相当长的一段时间内致力于一系列的活动,而实施这些活动需要有大量的资源作为保证。因此,这就需要为保证战略目标的实现,对企业的资源进行统筹规划,合理配置。

(四)战略管理从时间上来说具有长远性

战略管理中的战略决策是对企业未来较长时期内,就企业如何生存和发展等进行统筹规划。虽然这种决策以企业外部环境和内部条件的当前情况为出发点,并且对企业当前的生产经营活动有指导、限制作用,但是这一切是为了更长远的发展,是长期发展的起步。因此,战略管理也是面向未来的管理。在迅速变化的竞争性环境中,企业要取得成功必须对未来的变化采取预应性的态势,这就需要企业做出长期性的战略计划。

(五)战略管理需要考虑企业外部环境中的诸多因素

企业存在于一个开放的系统中,通常受不能由企业自身控制的因素所影响。因此,在未来的竞争环境中,企业要占据有利地位并取得竞争优势,就必须考虑与其相关的因素(包括竞争者、顾客、资金供给者、政府等外部因素),以使企业的行为适应不断变化中的外部力量,让企业能够继续生存下去。

三、战略管理的作用

(一)重视对经营环境的研究

由于战略管理将企业的成长和发展纳入了变化的环境之中,管理工作要以未来的环境变化趋势作为决策的基础,这就使企业管理者们重视对经营环境的研究,正确确定公司的发展方向,选择适合公司的经营领域或产品——市场领域,从而能更好地把握外部环境所提供的机会,增强企业经营活动对外部环境的适应性,使二者达成最佳的结合。

(二)重视战略的实施

由于战略管理不只是停留在战略分析及战略制定上,而是将战略的实施作为其管理的一部分,这就使企业的战略在日常生产经营活动中,根据环境的变化对战略不断地评价和修改,使企业战略得到不断完善,也使战略管理本身得到不断的完善。

(三)日常的经营与计划控制、近期目标与长远目标结合在一起

由于战略管理把规划出的战略付诸实施,而战略的实施又同日常的经营计划控制结合在一起,这就把近期目标(作业性目标)与长远目标(战略性目标)结合了起来,把总体战略目标同局部战术目标统一了起来,从而可以调动各级管理人员参与战略管理的积极性,有利于充分利用企业的各种资源并提高协同效果。

(四)重视战略的评价与更新

由于战略管理不只是计划"我们正走向何处",而且计划如何淘汰陈旧过时的东西,以

"计划是否继续有效"为指导,重视战略的评价与更新,这就使企业管理者能够在新的起点上不断地对外界环境和企业战略进行连续性探索,增强创新意识。

四、战略管理的要素

战略管理,主要是指战略制定和战略实施的过程。一般说来,战略管理包含 4 个关键要素:战略分析(了解组织所处的环境和相对竞争地位);战略选择(战略制定、评价和选择);战略实施(采取措施发挥战略作用);战略评价和调整(检验战略的有效性)。

（一）战略分析

战略分析的主要目的是评价影响企业目前和今后发展的关键因素,并确定在战略选择步骤中的具体影响因素。它包括 3 个主要方面。①确定企业的使命和目标,它们是企业战略制定和评估的依据。②外部环境分析。战略分析要了解企业所处的环境(包括宏观、微观环境)正在发生哪些变化,这些变化将给企业带来更多的机会还是威胁。③内部条件分析。战略分析还要了解企业自身所处的相对地位,具有哪些资源以及战略能力;还需要了解与企业有关的利益和相关者的利益期望,在战略制定、评价和实施过程中,这些利益相关者会有哪些反应,这些反应又会对组织行为产生怎样的影响和制约。

（二）战略选择

战略分析阶段明确了"企业目前状况",战略选择阶段所要回答的问题是"企业走向何处"。战略选择同样包括 3 个方面的内容:

① 制定战略选择方案。在制定战略过程中,可供选择的方案越多越好。企业可以从对整体目标的保障,对中下层管理人员积极性的发挥及企业各部门战略方案的协调等多个角度考虑,选择自上而下、自下而上或上下结合的方法来制定战略方案。

② 评估战略备选方案。评估备选方案通常使用两个标准:一是考虑企业选择的战略是否发挥了优势,克服了劣势,是否利用了机会并将威胁削弱到最低程度;二是考虑选择的战略能否被企业利益相关者所接受。需要指出的是,实际上并不存在最佳的选择标准,管理层和利益相关团体的价值观和期望在很大程度上影响着战略的选择。此外,对战略的评估最终还要落实到战略收益、风险和可行性分析的财务指标上。

③ 选择战略。即最终的战略决策,确定准备实施的战略。最终的战略选择可以考虑以下几种方法:根据企业目标选择战略;聘请外部机构;提交上级管理部门审批。

（三）战略实施

战略实施就是将战略转化为行动,它主要涉及以下一些问题:①如何在企业内部各部门和各层次间分配及使用现有的资源。②为了实现企业目标,还需要获得哪些外部资源以及如何使用。③为了实现既定的战略目标,需要对组织结构做哪些调整。④如何处理可能出现的利益再分配与企业文化的适应问题,如何进行企业文化管理,以保证企业战略的成功实施等。

（四）战略评价与调整

战略评价就是通过评价企业的经营业绩,审视战略的科学性和有效性。战略调整就是根据企业情况的发展变化,即参照实际的经营事实、变化的经营环境、新的思维和新的机会,及时对所制定的战略进行调整,以保证战略对企业经营管理进行指导的有效性。

企业战略管理的实践表明,战略制定固然重要,战略实施也同样重要。一方面,一个良好的战略仅是战略成功的前提,有效的企业战略实施才是企业战略目标顺利实现的保证。另一方面,如果企业没能制定出完善的战略,但是在战略实施中,能够克服原有战略的不足之处,最终也有可能实现战略的完善与成功。当然,如果对于一个不完善的战略选择,在实施中又不能将其扭转到正确的轨道上,就只有失败的结果。

五、战略管理的过程

战略管理的过程一般包括 9 个步骤,如图 2-1 所示。

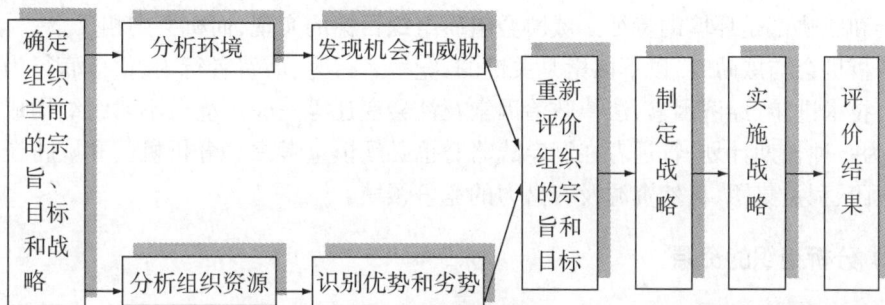

图 2-1　战略管理的过程

（一）确定组织当前的宗旨、目标和战略

确定组织当前的宗旨旨在促使管理当局仔细确定自己的产品和服务范围。对“我们到底从事的是什么事业”的理解关系到公司的指导方针。

ⓘ 知识链接

一些学者指出,美国铁路公司之所以不景气是因为它们错误地理解了自己所从事的事业。在 20 世纪 30~40 年代,如果铁路公司认识到它们从事的是运输事业而不仅仅是铁路事业,它们的命运也许会完全不同。

当然,管理当局还必须搞清楚组织的目标及当前所实施的战略的性质,并对其进行全面而客观的评估。

（二）分析环境

分析环境是战略管理过程的关键环节和要素。组织环境在很大程度上规定了管理当局可能的选择。成功的战略大多是那些与环境相适应的战略。

ⓘ 知识链接

> 松下电器是家庭娱乐系统的主要生产商，自 20 世纪 80 年代中期开始，在微型化方面出现了技术突破，同时家庭小型化趋势使得对大功率、高度紧凑的音响系统的需求剧增。松下家庭音响系统战略的成功，就是因为松下及早地认识到了环境中正在发生的技术和社会变化。

管理当局应认真分析公司所处的环境，了解市场竞争的焦点，了解政府法律法规对组织可能产生的影响，以及公司所在地的劳动供给状况等。其中，分析环境的重点是把握环境的变化和发展趋势。

（三）发现机会和威胁

分析了环境之后，管理当局需要评估环境中哪些机会可以利用，以及组织可能面临的威胁。机会和威胁都是环境的特征。威胁会阻碍组织目标的实现，而机会则相反。

在分析机会与威胁时，以下因素是关键的：竞争者行为、消费者行为、供应商行为和劳动力供应。技术进步、经济因素、法律政治因素及社会变迁等一般环境虽不对组织构成直接威胁，但作为一种长期计划，管理者在制定战略时也必须慎重考虑。分析机会和威胁还必须考虑压力集团、利益集团、自然资源及有潜力的竞争领域。

（四）分析组织的资源

这一分析将视角转移到组织内部：组织雇员拥有什么样的技巧和能力，组织的现金状况如何，在开发新产品方面是否一直很成功，公众对组织及其产品或服务质量的评价怎样，等等。

这一环节的分析能使管理当局认识到，无论多么强大的组织，都会在资源和能力方面受到某种限制。

（五）识别优势和劣势

管理者可以通过各种各样的报告来获得有关企业内部优势和劣势的信息。优势是组织可以开发利用以实现组织目标的积极的内部特征，是组织与众不同的能力，即决定作为组织竞争武器的特殊技能和资源；劣势则是抑制或约束组织目标实现的内部特征。管理者应从以下方面评价组织的优势和劣势：市场、财务、产品、研究与发展。内部分析同样也要考虑组织的结构、管理能力和管理质量，以及人力资源、组织文化的特征等。

（六）重新评价组织的宗旨和目标

按照 SWOT 分析和识别组织机会的要求，管理当局应重新评价公司的宗旨和目标（关于SWOT 分析的理论知识，详见本书项目二任务四）。

（七）制定战略

战略需要分别在公司层、事业层和职能层设立。在这一环节组织将寻求恰当定位，以便获得领先于竞争对手的相对优势。

（八）实施战略

无论战略制定得多么有效，如果不能恰当地实施仍不可能保证组织的成功。另外，在战略实施过程中，最高管理层的领导能力固然重要，但中层和基层管理者执行计划的主动性也同样重要。管理当局需要通过招聘、选拔、处罚、调换、提升乃至解雇职员以确保组织战略目标的实现。

（九）评价结果

战略管理过程的最后一步是评价结果：战略的效果如何？需要做哪些调整？这涉及控制过程。

六、实用战略管理的分析工具

（一）波特五力分析模型（波特竞争力模型）

五力分析模型（Five Forces Model）是迈克尔·波特（Michael Potter）提出的，对企业战略的制定产生了全球性的深远影响，用于竞争战略的分析，可以有效地分析竞争环境。五力分别是供应商的议价能力、购买者的议价能力、潜在竞争者进入的能力、替代品的替代能力、行业内竞争者现在的竞争能力。5种力量的不同组合变化，最终影响行业利润潜力变化。

1. 波特五力分析模型详解

五力分析模型将大量不同的因素汇集在一个简便的模型中，以此分析一个行业的基本竞争态势，五力分析模型确定了竞争的5种主要来源。一个可行战略的提出首先应该包括确认并评价这5种力量，不同力量的特性和重要性因行业和公司的不同而变化，如图2-2所示。

① 供应商的议价能力。供方主要通过提高投入要素价格与降低单位价值质量的能力，来影响行业中现有企业的赢利能力

图 2-2 波特五力模型

与产品竞争力。供方力量的强弱主要取决于他们所提供给买主的是什么投入要素，当供方所提供的投入要素的价值构成了买主产品总成本的较大比例，对买主产品生产过程非常重要，或者严重影响买主产品的质量时，供方对于买主的潜在议价能力就大大增强。一般来说，满足如下条件的供方集团会具有比较强大的议价能力。

- 供方行业为一些具有稳固市场地位而不受剧烈市场竞争困扰的企业所控制，其产品

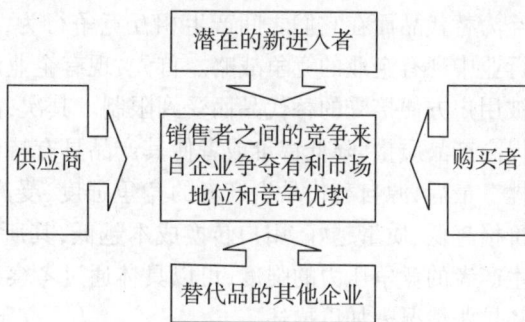

的买主很多,以至于每一单个买主都不可能成为供方的重要客户。

- 供方各企业的产品各具有一定特色,以至于买主难以转换或转换成本太高,或者很难找到可与供方企业产品相竞争的替代品。
- 供方能够方便地实行前向联合或一体化,而买主难以进行后向联合或一体化。

② 购买者的议价能力。购买者主要通过压价与要求提供较高的产品或服务质量的能力,来影响行业中现有企业的盈利能力。一般来说,满足如下条件的购买者可能具有较强的议价能力:

- 购买者的总数较少,而每个购买者的购买量较大,占了卖方销售量的很大比例。
- 卖方行业由大量相对来说规模较小的企业所组成。
- 购买者所购买的产品是一种标准化产品,同时向多个卖主购买产品在经济上也完全可行。
- 购买者有能力实现后向一体化,而卖主不可能实现前向一体化。

③ 新进入者的威胁。新进入者在给行业带来新生产能力、新资源的同时,也希望在已被现有企业瓜分完毕的市场中赢得一席之地,这就有可能会与现有企业发生原材料与市场份额的竞争,最终导致行业中现有企业盈利水平降低,严重时还有可能危及这些企业的生存。

竞争性进入威胁的严重程度取决于两方面因素,即进入新领域的障碍大小与预期现有企业对于进入者的反映情况。进入障碍主要包括规模经济、产品差异、资本需要、转换成本、销售渠道开拓、政府行为与政策、自然资源等方面,其中有些障碍是很难借助复制或仿造的方式来突破的。预期现有企业对进入者的反映情况,主要是采取报复行动的可能性大小,取决于有关厂商的财力情况、固定资产规模、行业增长速度等。另一方面,新企业进入一个行业的可能性大小,取决于进入者主观估计进入所能带来的潜在利益、所需花费的代价与所要承担的风险这三者的相对大小情况。

④ 替代品的威胁。两个处于同行业或不同行业中的企业,可能会由于所生产的产品是互为替代品而在它们之间产生相互竞争行为,这种源自于替代品的竞争会以各种形式影响行业中现有企业的竞争战略。首先,现有企业产品售价及获利潜力的提高,将由于存在着能被用户方便接受的替代品而受到限制。其次,由于替代品生产者的侵入,使得现有企业必须提高产品质量、降低售价或者使其产品具有特色,否则其销量与利润增长的目标就有可能受挫。最后,源自替代品生产者的竞争强度,受产品买主转换成本高低的影响。总之,替代品价格越低、质量越好、用户转换成本越低,其所能产生的竞争压力就越强。这种来自替代品生产者的竞争压力的强度,可以具体通过考察替代品销售增长率、替代品厂家生产能力与盈利扩张情况来加以描述。

⑤ 同业竞争者的竞争程度。大部分行业中的企业,相互之间的利益都是紧密联系在一起的,作为企业整体战略一部分的各企业竞争战略,其目标都在于使得自己的企业获得相对于竞争对手的优势,所以,在实施中就必然会产生冲突与对抗现象,这些冲突与对抗就构成了现有企业之间的竞争。现有企业之间的竞争常常表现在价格、广告、产品介绍、售后服务等方面,其竞争强度与许多因素有关。

一般来说,出现下述情况将意味着行业中现有企业之间的竞争加剧:行业进入障碍较低,势均力敌的竞争对手较多,竞争参与者范围广泛;市场趋于成熟,产品需求增长缓慢;竞争者企图采用降价等手段促销;竞争者提供几乎相同的产品或服务,用户转换成本很低;一个战略行动如果取得成功,其收入相当可观;行业外部实力强大的公司在接收了行业中实力薄弱企业后,发起进攻性行动,结果使得刚被接收的企业成为市场的主要竞争者;退出障碍较高,即退出竞争要比继续参与竞争代价更高。

根据上面对于5种竞争力量的讨论,企业可以采取尽可能地将自身的经营与竞争力量隔绝开来、努力从自身利益需要出发影响行业竞争规则、先占领有利的市场地位再发起进攻性竞争行动等手段来对付这5种竞争力量,以增强自己的市场地位与竞争实力。

2. 波特五力分析模型与一般战略的关系

波特五力分析模型与一般战略的关系如表2-1所示。

表2-1　波特五力分析模型与一般战略的关系

波特五力	一般战略		
	成本领先战略	产品差异化战略	集中战略
进入障碍	具备杀价能力以阻止潜在对手的进入	培育顾客忠诚度以挫伤潜在进入者的信心	通过集中战略建立核心能力以阻止潜在对手的进入
买方砍价能力	具备向大买家出更低价格的能力	因为选择范围小而削弱了大买家的谈判能力	因为没有选择范围使大买家丧失谈判能力
供方砍价能力	更好地抑制大卖家的砍价能力	更好地将供方的涨价部分转嫁给顾客方	进货量低,供方的砍价能力就高,但售中差异化的公司能更好地将供方的涨价部分转嫁出去
替代品的威胁	能够利用低价抵御替代品	顾客习惯于一种独特的产品或服务因而降低了替代品的威胁	特殊的产品和核心能力能够防止替代品的威胁
行业内对手的竞争	能更好地进行价格竞争	品牌忠诚度能使顾客不理睬你的竞争对手	竞争对手无法满足集中差异化顾客的需求

3. 波特五力分析模型的缺陷

实际上,关于五力分析模型的实践运用一直存在许多争论。目前较为一致的看法是:该模型更多的是一种理论思考工具,而非可以实际操作的战略工具。

该模型的理论是建立在以下3个假定基础之上的:

① 制定战略者可以了解整个行业的信息,显然现实中是难以做到的。

② 同行业之间只有竞争关系,没有合作关系。但现实中企业之间存在多种合作关系,不一定是你死我活的竞争关系。

③ 行业的规模是固定的,只有通过夺取对手的份额来占有更大的资源和市场。但现实中企业之间往往不是通过吃掉对手而是与对手共同做大行业的蛋糕来获取更多的资源和更大的市场。同时,市场可以通过不断的开发和创新来增大容量。

因此,要将波特的五力分析模型有效地用于实践操作,以上在现实中并不存在的3个假设就会使操作者要么束手无策,要么头绪万千。

波特的五力分析模型的意义在于,5种竞争力量的抗争中蕴含着3类成功的战略思想,那就是大家熟知的成本领先战略、差异化战略和集中战略。

（二）其他战略管理分析工具

1. 安迪·格鲁夫的六力分析模型

六力分析的概念是英特尔前总裁安迪·格鲁夫（Andrew S. Grove）以波特的五力分析架构为出发点，重新探讨并定义产业竞争的 6 种影响力而产生的。他认为影响产业竞争态势的因素如下：

① 现存竞争者的影响力、活力、能力。

② 供货商的影响力、活力、能力。

③ 客户的影响力、活力、能力。

④ 潜在竞争者的影响力、活力、能力。

⑤ 产品或服务的替代方式。

⑥ 协力业者的力量。此影响力是安迪·格鲁夫自波特五力分析中所衍生出来的第六力。

协力业者是指与自身企业具有相互支持与互补关系的其他企业。在互补关系中，该公司的产品与另一家公司的产品互相配合使用，可得到更好的使用效果。协力业者间的利益通常互相一致，也可称之为通路伙伴，彼此间产品相互支持，并拥有共同的利益。但任何新技术、新方法或新科技的出现，都可能改变协力业者间的平衡共生关系，使得通路伙伴从此形同陌路。

2. 新 7S 原则

新 7S 原则由美国管理大师理查德·达·维尼（Richard A. D'Aveni）提出，强调的是企业能否打破现状、抓住主动权和建立一系列暂时的优势。

7S 是在企业内各个方面之间创造静态的战略搭配，新 7S 模型强调的则是以对长期动态战略互动的了解为基础，达到 4 个主要目标：一是破坏现状；二是创造暂时的优势；三是掌握先机；四是维持优势。

新 7S 原则的经营思维架构具体如下：

① 更高的股东满意度（stockholder satisfaction）。这里的"股东"是一个十分广泛的概念，即客户的概念，包括过去企业最重视的股东、市场导向管理中迅速得到重视的顾客及近几年人本管理的主角，即员工。

② 战略预测（strategic soothsaying）。要做到客户满意，公司就必须用到战略预测。了解市场和技术的未来演变，就能看清下一个优势会出现在哪里，从而率先创造出新的机会。

③ 速度（speed）定位。在如今超强竞争环境下，成功与否在于能否创造出一系列的暂时优势，所以公司快速从一个优势转移到另一个优势的能力非常重要。速度让公司可以捕捉需求、设法破坏现状、瓦解竞争对手的优势，并在竞争对手采取行动之前就创造出新的优势。

④ 出其不意的（surprise）定位。经营者们要做的工作，是探寻价值创新的道路，而很少去控制和管理现有的业务运作。

⑤ 改变竞争规则（shifting the rules against the competition）。改变竞争规则可以打破产业中既有的观念和标准模式。亦步亦趋，是被动应战，常常取不到好的效果。

⑥ 宣示战略意图（signaling strategic intent）。向公众及产业内同行公布你的战略意图和未来行动，有助于告诫竞争对手，不要侵入你的市场领域；同时，还可以在顾客中有效地形成

"占位效应",即有购买意图的顾客会等待告示公司的该种产品研制生产出来后再购买,而不去购买市场上已有的其他公司的同类产品。

⑦ 同时的、一连串的战略出击(simultaneous and sequential strategic thrusts)。仅有静态的能力,或是仅有优良的资源都是不够的,资源需要加以有效地运用。公司战略成功的关键,在于将知识和能力妥善运用,以一连串的行动夺取胜利,并将优势迅速转移到不同的市场。

该模型建立在企业处于一种优势迅速崛起并迅速消失的超强竞争环境下,为了建立起永恒的竞争优势,企业通过一连串短暂的行动来建立一系列暂时的竞争优势,而每个行动又是结合竞争对手及自身的特点来策划与评判。

新7S原则强调的是企业能否打破现状、抓住主动权和建立一系列暂时的优势。其中前2个S,即更高股东满意度和战略预测,在于建立一种愿景,打破市场现状。它包括确立目标、制定企业打破现状的战略、找出企业打破某一市场所必需的核心能力。接下来的2个S是速度定位和出其不意定位,二者着眼于多种关键能力,可用来采取一系列行动以图打破现状。最后3个S即改变竞争规则、宣示战略意图和同时发起持续不断的战略出击,主要是超强竞争环境中打破市场现状的战术和行动。

新7S模型是以破坏性的快速制胜方式来表现的,它分为3个部分,如图2-3所示。

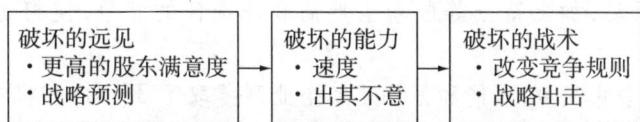

图2-3　新7S模型

案例　相机业的情形很好地说明了随着时间的推移,如何运用不同的新7S原则来打破行业的现状。

第一阶段是宝丽来(Polaroid)和柯达(Kodak)在即时成像市场所展开的竞争。柯达作为世界首家综合摄影公司,开发了业余摄影爱好者市场。由于控制了胶卷的生产和冲印,柯达稳稳地控制了美国市场,国内外的竞争者都难以动摇其地位。柯达胶卷的质量始终领先竞争对手。它一方面利用廉价相机来销售更多胶卷,同时利用新7S原则赢得对宝丽来的竞争优势。

宝丽来通过开发即时成像相机在技术上赢得了优势,使公司从1947年到1979年年递增25%。宝丽来不断发展即时成像这一基础创新成果,开发出即时彩色摄影技术和SX-70系统等新的功能,从而推动了公司的成长。不过,柯达在1976年仍然控制着大约85%的照相机市场。

1976年,柯达向宝丽来宣战,宣布推出自己的即时成像相机。2家公司在即时成像技术上展开了一场硬碰硬的竞争。但这场竞争的最终结果是推出了24小时胶卷冲洗技术,削弱了即时成像技术的优势。虽然在与宝丽来公司的诉讼中柯达失去了即时成像相机的生产和销售权,但是柯达出众的胶卷质量加上更为方便的优质照相技术,使其比即时成像摄影赢得了多得多的业余爱好者。柯达在市场份额争夺战中击败了宝丽来。

柯达相对宝丽来的优势却不足以抗衡日本的竞争对手。佳能和另外几家日本公司在新兴的 35 mm 自动变焦相机市场成功地向柯达发起了进攻。佳能就是利用新 7S 原则建立了对柯达的优势。

S-1：更高客户满意度。柯达的不断创新虽然提高了质量、降低了售价，但是佳能 35 mm 相机不仅保持了自动变焦和装卷便利等性能，而且有超群的图片质量，使柯达相形见绌。

S-2：战略预测。柯达在把 35 mm 相机由供专业人士使用变成简便经济的大众化相机的过程中，未能预见到技术所起的作用。

S-3：速度。佳能迅速推出新品种，始终保持领先柯达一步。

S-4：出其不意。在推出 35 mm 自动变焦相机之前，佳能在相机业无足轻重，使柯达疏于防备而把更多的精力用于和宝丽来的竞争。另外，佳能的创造性和灵活性也使它的攻势更加出人意料。

S-5：改变规则。佳能解决了方便装卷、方便拍摄与最后成像质量难以兼顾的矛盾，改写了游戏规则。

S-6：宣示战略意图。2 家公司都发出信号，显示了称雄市场的意图。

S-7：持续不断的策略冲击。佳能在复印机、照相机等几个不同行业的经营使它的行动难以预测。它的战略建立在一系列相关活动之上，把复印机领域的光学和电子技术用于相机市场。佳能的行动，加上富士等胶卷生产商和冲洗商的竞争，使柯达同时受到多方面攻击。

柯达在此番竞争中失败，佳能和另外几家企业则攫取了 35 mm 相机市场。虽然柯达仍继续保有即时成像市场，并且仍是胶卷生产的龙头，但相机市场已被生产 35 mm 相机的企业砍去了一大块。

任务二　企业财务管理

一、财务管理理论

财务管理无论是在现实企业还是在企业沙盘模拟决策中都起着非常重要的作用，是企业经营的核心部分。财务管理执行的好坏直接关系到企业经营的成败。在企业模拟经营的过程中，财务总监不仅要掌握和精通财务管理的理论知识，还要掌握财务管理的各种技术和方法，在企业的筹资、投资、资产管理等方面均能找到一个最佳的组合，从而在经营中实现企业价值的最大化。

（一）财务管理的特点

财务管理是在一定的整体目标下，对资产的购置（投资）、资本的融通（筹资）和经营中的现金流量（营运资金），以及利润分配的管理。财务管理是企业管理的一个组成部分，是根据财经法规制度，按照财务管理的原则，组织企业财务活动，处理财务关系的一项经济管理工作。

企业生产经营活动的复杂性,决定了企业管理必须包括多方面的内容,如生产管理、技术管理、劳动人事管理、设备管理、销售管理和财务管理等。各项工作是互相联系、紧密配合的,同时又有科学的分工,具有各自的特点。

① 企业管理在实行分工、分权的过程中形成了一系列专业管理,有的侧重于使用价值的管理,有的侧重于价值的管理,有的侧重于劳动要素的管理,有的侧重于信息的管理。

② 在企业管理中,一切涉及资金的收支活动,都与财务管理有关。

③ 在企业管理中,决策是否得当,经营是否合理,技术是否先进,产销是否顺畅,都可迅速地在企业财务指标中得到反映。

(二)财务管理的内容

财务管理的对象,即企业的资金及其运动。财务管理的内容主要包括资金的筹集、使用和分配。企业财务管理就是紧密围绕以下3个内容展开。

1. 筹集资金

筹资是通过一定渠道、采取适当方式筹措资金的财务活动,是财务管理的首要环节。企业可以通过发行股票和债券、吸收直接投资、向金融机构借款和取得商业信用等方式筹集资金。

2. 使用资金

投资指投资者当期投入一定数额的资金而期望在未来获得回报。企业可以通过对外投资、购买生产资料、发放工资、支付办公费和利息等方式使用资金。

3. 向投资者分配利润

利润分配是将企业实现的利润,按照国家财务制度规定的分配形式和分配顺序,在国家、企业和投资者之间进行的分配。

(三)财务管理的目标

财务管理的目标是企业进行财务活动所要达到的根本目的,是评价企业财务活动合理性的标准,它决定财务管理的基本方向。

1. 财务管理的一般目标

明确财务管理目标,是搞好财务工作的前提。企业财务目标取决于企业生存和发展的目标。以下是2种常见的目标:

① 利润最大化。利润代表了企业新创造的财富,利润越多说明企业的财富增加得越多。这种目标的优点是:讲求经济核算,加强管理,改进技术;提高劳动生产率,降低成本。其缺点也很明显,主要包括:没有考虑所获利润和投入资本额的关系;没有考虑资金时间价值;没能有效地考虑风险问题;易带有短期行为倾向。

② 财富最大化。财富最大化即企业价值最大化。企业价值是企业所能创造的预计现金流量的现值,它反映了企业预期获利能力和成长能力。这种目标的优点是:考虑了取得报酬的时间因素,并用资金时间价值的原理进行计量;考虑了风险与报酬之间的联系;克服了短期行为。它的缺点是:股价受各种因素影响,不好确定(股份制企业);未来收益的折现值计量较困难(一般企业)。

2. 财务管理的具体目标

具体财务目标取决于财务管理的具体内容,即筹资、投资、营运资金与利润分配管理。

① 筹资管理目标。在满足生产经营需要的情况下,以较低筹资成本和较小的筹资风险,获取同样多或较多的资金。

② 投资管理目标。以较低的投资风险与投资投放和使用,获得同样多的或较多的投资收益。

③ 营运资金管理目标。合理使用资金,加速资金周转,不断提高资金利用效果。

④ 利润分配管理目标。合理确定利润的留存与分配比例以及分配形式,以提高企业的潜在收益能力,从而提高企业总价值。

（四）财务管理的价值观念

1. 时间价值观念

资金时间价值是经济活动中一个非常重要的概念,它是指一定量资金在不同时间点上价值量的差额,是资金周转使用中随着时间的推移而形成的价值增值。

资金时间价值的计算有单、复利形式,一般按复利计算。

2. 风险收益均衡观念

风险是在一定条件下和一定时期内可能发生的各种结果的变动程度。风险报酬则是投资者由于冒风险进行投资而获得的超过资金时间价值的额外收益。

风险和收益是一种对称关系,它要求等量风险带来等量收益,即风险收益均衡。

财务管理在风险方面的原则是:在一定的风险下,使收益达到较高的水平;在收益一定的情况下,风险维持在较低的水平。

二、筹资管理

企业筹资是指企业根据其生产经营、对外投资和调整资本结构的需要,通过筹资渠道和金融市场,运用筹资方式,经济有效地筹措所需资金的财务活动。企业在生产经营过程中可以通过多种方式取得资金。筹集资金的方式一般有吸收直接投资、发行股票、银行借款、商业信用、发行债券、发行融资券和租赁筹资。

（一）筹资管理概述

1. 筹资的动机、要求和原则

① 筹资的动机包括维持性筹资动机、扩张性筹资动机、调整性筹资动机和混合性筹资动机。

② 对企业筹资管理的基本要求:科学地确定筹资数量,控制资金投放时间;认真选择筹资渠道和筹资方式;合理投资,提高效益。

③ 企业筹资活动要遵循的基本原则:规模适当原则;筹措及时原则;来源合理原则;方式经济原则。

2. 筹资渠道和筹资方式

① 筹资渠道。筹资渠道是指企业筹集资金的来源或途径,即解决资金从哪里来的问

题,是客观存在的筹措资金的来源和通道。目前我国企业筹资渠道主要有以下几种:

- 国家财政资金:国家财政拨款资金,国家直接投资,国家税前还贷。
- 银行信贷资金:企业负债资金的主要来源。
- 非银行金融机构资金:如来自租赁公司、保险公司、证券公司、财务公司的资金。
- 其他企业资金:企业之间相互投资及企业之间的商业信用。
- 居民个人资金:吸收社会闲散资金。
- 企业自留资金:通过企业经营获利留存。

② 筹资方式。筹资方式是指企业筹集资本所采取的具体形式,即解决如何取得资金的问题。

目前我国企业筹资方式主要有吸收直接投资、发行股票、发行债券、银行借款、商业信用和融资租赁等。筹资渠道与筹资方式之间的关系如表2-2所示。

表2-2　筹资渠道与筹资方式的对应关系

	吸收直接投资	发行股票	银行借款	发行债券	商业信用	融资租赁
国家财政资金	√	√				
银行信贷资金			√			
非银行金融机构资金	√	√	√	√		√
其他企业资金	√			√	√	√
居民个人资金	√			√		
企业自留资金	√	√				
外商资金	√	√				√

(二)借入资金的筹集

1. 短期借款

短期借款是借款的一种,与之相对的是长期借款。短期借款是指企业为维持正常的生产经营所需的资金或为抵偿某项债务而向银行或其他金融机构等外单位借入的、还款期限在一年以下(含一年)的各种借款。短期借款主要有经营周转借款、临时借款、结算借款、票据贴现借款等。

周转借款是公司为满足生产经营周转的需要,在流动资产计划占用额的范围内,为了弥补资金不足而向银行取得的借款;临时借款是指公司在生产经营过程中由于临时性或季节性原因需要超定额储备物资,而向银行取得的借款;结算借款是公司采用托收承付结算方式向异地发出商品,在委托收款期间为解决在途结算资金占用的需要,以托收承付结算凭证为保证向银行取得的借款。

短期借款的利率及其支付方法多种多样,银行将根据借款企业的情况选用。借款利率主要有优惠利率、浮动优惠利率和非优惠利率等。借款企业可以使用以下3种方法支付银行贷款利息:

① 收款法。收款法是在借款到期时向银行支付利息的方法。

② 贴现法。贴现法是银行向企业发放贷款时,先从本金中扣除利息部分,而到期时借

款企业则要偿还贷款全部本金的一种计息方法。采用这种方法，企业可利用的贷款额只有本金减去利息部分后的差额，因此贷款的实际利率高于名义利率。

$$实际利率 = 本金 × 名义利率 ÷ 实际借款额$$
$$= 本金 × 名义利率 ÷ (本金 - 利息)$$
$$= 名义利率 ÷ (1 - 名义利率)$$

③ 加息法。加息法是银行发放分期等额偿还贷款时采用的利息收取方法。在分期等额偿还贷款的情况下，银行要将根据名义利率计算的利息加到贷款本金上计算出贷款的本息和，要求企业在贷款期内分期偿还本息之和的金额。

短期借款筹资方式的优点主要包括以下几点：

① 资金充足。银行资金充足，能随时为企业提供较多的短期贷款。对于季节性和临时性的资金需求，采用短期银行借款尤为方便。

② 筹资效率高。企业获得短期借款所需时间比长期借款短得多。

③ 筹资弹性大。可在资金需要增加时借入，在资金需要减少时还款。

短期借款具有以下缺点：

① 资金成本高。短期借款成本比较高，不仅不能与商业信用相比，与短期融资券相比也高出许多，尤其是在补偿性余额借款、抵押借款的情况下。

② 限制较多。银行要对企业的经营和财务状况进行调查后才决定是否向企业贷款。

③ 筹资风险大。短期资金的偿还期短，在筹资数额较大的情况下，如果公司资金周转率太低，就有可能无力按期偿还本金和利息，甚至被迫破产。

2. 长期借款

长期借款是指企业从银行或其他金融机构借入的期限在一年以上（不含一年）或超过一年的一个营业周期以上的各项借款。

按照付息方式与本金的偿还方式，可将长期借款分为分期付息到期还本长期借款、到期一次还本付息长期借款和分期偿还本息长期借款。

长期借款筹资方式的优点主要有以下几点：

① 不会影响企业的股权结构，有利于保护股东对企业的控制力。

② 在一定条件下可以增加股东的收益水平。当企业所获得的投资利润率高于长期负债的固定利率时，剩余利润全部归投资者所有。

③ 长期借款利息的支出，可以作为财务费用从利润中扣除，减少了企业所交的所得税。

长期借款筹资方式的缺点主要有以下几点：

① 长期负债的利息总是企业必须定期支付的固定费用，如果企业经营状况不好，将成为企业沉重的负担。

② 长期负债的本金和利息都有明确的偿还日期，企业必须为债务的偿还做好财务安排。如果企业未能按期偿还利息和本金，将严重损害企业的信用，影响企业未来的经营和融资活动，甚至导致企业破产清算，因此长期负债将增加企业的财务风险。

三、流动资产管理

流动资产是指企业可以在一年或者超过一年的一个营业周期内变现或者运用的资产，

是企业资产中必不可少的组成部分。

流动资产按表现形态,可以分为货币性流动资产和实物形态的流动资产。货币性流动资产以货币形态存在,包括结算资产和货币资产;实物形态的流动资产包括原材料、在产品、产成品等。流动资产在生产经营过程中经常改变其存在状态。

(一) 现金管理

现金是指企业占用在各种货币形态上的资产,包括库存现金、银行存款等。企业现金管理的目的,就是在资产的流动性和盈利性之间做出抉择,提高资金的收益率。

企业持有现金的目的主要有以下几点:

① 交易性需要也称作支付动机,是指企业必须持有一定的现金来满足生产经营过程中的支付需要。交易性动机产生于企业收入与支出的不同步。

② 预防性需要是指企业为了应对经营的不确定性、应付意外的紧急情况需要而持有的现金。预防性现金流量的多少与企业的借款能力有关。

③ 投机性需要是指企业持有一定的现金以满足某种投资行为的需要。

现金管理的目标是确定最佳现金持有量,既保证正常需要,又不会出现现金的闲置。即在保证企业生产经营所需现金的同时,节约使用现金,并从暂时闲置的现金中获得最多的利息收入,也就是要在资产的流动性和盈利性之间做出选择协调,以获取最大的长期利润。

现金收支计划的编制是现金管理的主要内容之一。现金收支计划是预计未来一定时期企业现金的收支状况,并进行现金平衡的计划,是企业财务管理的一个重要工具。现金收支计划包括4个部分:

① 现金收入包括营业现金收入和其他现金收入。营业现金收入的主体部分是产品销售收入,其数字可从销售计划中取得。财务人员根据销售计划资料编制现金计划时,应注意以下两点:一是必须把现销和赊销分开,并单独分析赊销的收款时间和金额;二是必须考虑企业收账中可能出现的有关因素,如现金折扣、销售退回等。其他现金收入通常有设备租赁收入、证券投资的利息收入等。

② 现金支出包括营业现金支出和其他现金支出。前者主要有材料采购支出、工资支出和其他支出,后者则主要包括固定资产投资支出、债务的本金和利息的偿还、所得税的上交、股利支付等。

③ 净现金流量是指现金收入与现金支出的差额。

④ 现金余缺是指计划期现金期末余额与最佳现金余额(理想现金余额)相比后的差额。其调整的方式主要有两种:一是利用借款调整;二是利用有价证券调整。

(二) 应收账款

应收账款是企业因对外销售产品、材料、供应劳务等而应向购货或接受劳务单位收取的款项。应收账款在企业的生产经营活动中的作用主要有以下几点:

① 促进销售。在激烈的市场竞争中,采用赊销方式,为客户提供商业信用,可以扩大产品销售,提高产品的市场占有率。通常为客户提供商业信用是不收利息的,所以对于接受商业信息的企业来说,实际上等于得到一笔无息贷款。与现销方式相比,客户更愿意采用赊销方式购买企业的产品,因此应收账款具有促销的功能。

② 减少存货。赊销促销的同时，企业的商品数量自然会有所减少，加快了企业存货的周转速度。一般情况下，企业的应收账款所发生的相关费用与存货的仓储、保管费用相比相对较少。因此，企业通过赊销方式，将产品销售出去，资产由存货形态转化为应收账款，可以节约企业的费用。

应收账款的存在，一方面可增加销售收入，另一方面又因形成应收账款而增加经营风险。因此应收账款管理目标是，在发挥应收账款强化竞争，扩大销售功能效应的同时，尽可能降低投资的机会成本、坏账损失与管理成本，最大限度地提高应收账款投资的效益。

（三）存货管理

存货是指企业在日常活动中持有以备出售的产成品或商品、处在生产过程的在产品、在生产过程或提供劳务过程中耗用的材料和物料等。

存货在生产经营过程中发挥的作用主要包括以下几个方面：

① 防止企业生产经营中断。存货是保证企业生产经营顺利进行的前提条件。对于生产性企业而言，其存货在数量和时间上保持绝对平衡，如果没有一定的存货，一旦某一个环节出现问题，就会影响到企业正常的生产经营活动。

② 适应市场变化。一定数量的存货储备能够增加企业在生产和销售方面的应变能力。当市场需求量增加时，如果企业有适量的材料和产成品存货，就能及时满足市场变化的需要，为企业创利。

③ 降低进货成本。一般来说，采购批量大，获得价格上的折扣就多，进价成本就低。同时，采购批量越大，采购次数就越小，采购费用就降低。因此适量的存货能够降低采购成本。

④ 维持均衡生产，降低产品成本。当企业的产品具有季节性需求时，就会造成生产的不均衡。具备一定的存货，可以促进生产的均衡，从而降低生产成本。

存货管理的目标是要通过存货的规划、存货的日常管理等手段，在充分发挥存货功能的前提条件下，不断降低存货成本，以最低的存货成本保障企业生产经营的顺利进行。

四、收入与利润管理

（一）收入管理

1. 收入的概念

收入是指企业在日常活动中所形成的、会导致所有者权益增加的、与所有者投入资本无关的经济利益的总流入，包括销售商品收入、劳务收入、让渡资产使用权收入、利息收入、租金收入、股利收入等。

2. 收入的特征

一般来说，收入具有以下特征：收入是从企业的日常活动中产生，而不是从偶发的交易或事项中产生；收入可能表现为企业资产的增加，或企业负债的减少，或者二者兼而有之；收入必然能导致企业所有者权益的增加；收入只包括本企业经济利益的流入，不包括为第三方或客户代收的款项。

3. 营业收入的预测

销售收入预测是企业经过充分的市场调整研究,搜集有关信息数据,运用一定方法分析影响企业销售的各种因素,测算在未来一定时期内销售收入及其变动趋势。

影响企业销售的因素有内部因素和外部因素。内部因素主要有商品质量、商誉、价格、生产能力、推销策略和售后服务质量等;外部因素有市场环境和社会政治经济形势等。

① 简单回归分析法。根据过去若干期间销售量的实际资料,找出某一主要影响因素,确定反映销售量变动与该因素关系的线性函数,并以此线性函数加以延伸来确定销售量预测值的一种方法。实际工作中,常按时间因素进行预测。

② 趋势分析法。趋势分析法就是根据企业销售的历史资料,用一定的计算方法测算未来销售的变化趋势的一种预测方法。它包括简单平均法和加权移动平均法。

③ 量本利分析法。量本利分析法是通过分析销售量(或销售收入)、销售成本和保本点或目标利润之间的变化关系,建立数学模型,进行各种预测的方法。

(二)利润管理

1. 利润管理的概念

利润是企业生存发展的核心指标,不论是投资人、债权人,还是企业经理人员,都非常关心企业的盈利能力,而利润管理是企业目标管理的重要组成部分,其行为结果会直接或间接地影响到各经济主体的利益。

适度的利润管理对企业的不断成长起着举足轻重的作用,但过度的利润管理也会给企业带来一些不利的影响,不利于企业的经营决策,同时也会使会计信息的真实性和决策的相关性失真。因此,对利润管理一定要适度,要将其限制在合理的范围之内。

2. 利润分配

利润分配是将企业实现的净利润,按照国家财务制度规定的分配形式和分配顺序,在国家、企业和投资者之间进行的分配。利润分配的过程与结果,是关系到所有者的合法权益能否得到保护,企业能否长期、稳定发展的重要问题,为此,企业必须加强利润分配的管理。企业利润分配的主体一般有国家、投资者、企业和企业内部职工。

企业按国家规定上交所得税之后的利润即为净利润,其分配顺序一般如下:

① 提取法定盈余公积金。法定盈余公积金按照税后净利润的 10% 提取。法定盈余公积金已达注册资本的 50% 时可不再提取。

② 向投资人分配利润。企业以前年度未分配的利润,可以并入本年度分配。

任务三　生产运作管理

一、生产运作管理概述

(一)生产运作管理的基本概念

1. 生产运作的概念

生产运作是一个投入—转换—产出的过程,即投入一定的资源,经过一系列多种形式的

转换,使其增值,最后以某种形式的产出提供给社会。这个能将一定投入转化为特定产出的有机整体具体包括以下几个方面:

① 投入。一般包括人、财、物、技术、信息等几个方面的资源要素。

② 转换。也称为劳动过程或价值增值过程,通常将有形产品的转换过程称为生产过程,而将无形产品的生产过程称为服务过程,也称为运作过程。

③ 产出。包括有形产品和无形产品。前者指各种物质产品,后者指各种形式的服务。

④ 增值。转换过程中发生价值增值反映了投入成本与产出价值或价格之间存在的差异。产出的价值由顾客愿意为该企业的产品或服务所支付的价格来衡量,其增值部分越大,说明其生产运作效率越高。

2. 生产运作管理的概念

生产运作管理是对生产运作活动的计划、组织和控制。其管理对象包括生产运作过程和生产运作系统。生产运作系统是由若干要素(如物料、设备、资金、技术等)构成的一个有机整体。

生产运作管理的基本任务,就是通过计划、组织与控制职能,把投入生产过程的人、财、物和信息等生产要素,根据生产运作过程的要求,有效地结合起来,形成有机的体系,以尽可能少的投入生产出尽可能多的物美价廉、适销对路的产品或服务,满足社会和用户需要,取得最佳的企业经济效益。

(二) 生产运作管理的内容

生产运作管理的内容主要包括以下几个方面:

① 生产准备与系统设计。它是指生产的物质准备工作、技术准备工作和组织工作,以及生产系统如何合理科学地进行设计。

② 生产运作计划。它是生产运作管理的重点和精华所在,指与产品有关的生产计划工作和负荷分配工作,如何实现计划任务与生产能力的平衡等问题。

③ 生产运作过程控制。它是指围绕完成计划任务情况所进行的检查、调整进度等工作。

④ 先进的生产运作模式。为适应国际化和激烈的竞争形势,企业应尽快提高管理水平使生产经营一体化,以柔性化的生产系统实现多品种小批量的生产方式。

(三) 生产的分类

1. 按生产性质可分为制造性生产和服务性生产

① 制造性生产是通过物理或化学作用将有形输入转化为有形输出的过程。制造业包括的行业相当广泛,产品品种也非常多,其生产过程及系统千差万别,可以采用多种标准来分类。

② 服务性生产又称非制造性生产,是指只提供劳务,而不制造有形产品的生产。

2. 按企业组织生产的特点可分为订货型生产和备货型生产

① 订货型生产(Make To Order,MTO)是根据用户提出的具体订货要求进行的生产。

② 备货型生产(Make To Stock,MTS)是指在没有接到用户订单时,在对市场需求量进行预测的基础上,按已有的标准产品或产品系列进行的生产。

订货型生产和备货型生产的主要区别如表2-3所示。

表2-3　订货型生产与备货型生产的主要区别

项　目	备货型生产	订货型生产
产品	标准产品	按用户要求生产，无标准产品，大量的变形产品与新产品
对产品的需求	可以预测	难以预测
价格	事先确定	订货时确定

为了缩短交货期，还有一种"按订单装配"式生产(Assemble To Order, ATO)，即零部件是事先制作的，在接到订单之后，将有关的零部件装配成顾客所需的产品。按订单装配式生产必须以零部件通用化、标准化为前提。

3. 按工艺过程特点可分为加工装配型生产和流程型生产

① 加工装配型生产。它是指由工人借助机械手段，将产品结构中的各种零部件组合起来，装配成产品的生产过程。产品是由离散的零部件装配而成，物料运动过程呈离散状态。其特点是工艺过程的离散性。

② 流程型生产。它是指把一种或数种原材料投入生产后，经过一系列设备装置，进行化学或物理处理过程，最后制成产品的生产过程。流程型生产的加工设备和运输装置都需要进行大量投资，但由于产量大，可以降低成本，较快地收回投资，其生产特点是工艺过程的连续性。

4. 按生产的专业化程度可分为大量大批生产、单件小批生产和成批生产

① 大量大批生产。生产的品种少，每一种品种的产量大，生产稳定而不断重复地进行。一般这类产品在一定时期内具有相对稳定的社会需求。

② 单件小批生产。产品对象基本上是一次性需求的专用产品，一般不重复生产。生产中品种繁多，生产对象不断在变化。

③ 成批生产。其对象是通用产品，生产具有重复性。它的特点是生产的品种较多，每种品种的产量不大，每一种产品都不能维持常年连续生产，所以在生产中形成多种产品轮番生产的局面。

（四）生产运作管理在企业管理中的地位

1. 生产运作管理与经营管理的关系

经营管理属于企业的上层管理，它的任务是根据企业的外部环境，在市场预测的基础上，结合企业自身条件确定企业的经营战略、方针、目标和计划。生产运作管理属于企业的中层管理，它要解决根据企业经营决策所制定的经营目标和计划如何在生产运作中实现的问题。经营管理在企业管理系统中处于核心和支配地位，生产运作管理则相对处于从属和执行地位。

2. 生产运作管理与财务管理的关系

生产运作管理作为对物流的管理，其结果是追求资本的快速周转和不断增值。而这一切都将迅速地反映在企业财务上。企业的财务成就又是生产管理追求的目标。财务管理应及时反馈生产管理的成效，促进生产管理的改善和发展。

3. 生产运作管理与营销管理的关系

生产运作管理是营销管理的基础，没有良好的生产运作管理，就不能按质、按量、按时地为消费者提供适销对路的产品和服务，但反过来营销管理的成败又影响着生产运作的正常与否。准确迅速地反馈回来的市场信息是在生产运作中调整工作的依据。

二、新产品开发

（一）新产品

1. 产品生命周期概念

产品生命周期，是指产品从投入市场开始直到被市场淘汰为止所经历的全部时间。它一般分为投入期、成长期、成熟期和衰退期4个阶段。

2. 新产品概念及类型

所谓新产品，是指在技术、性能、功能、结构、材质等一方面或几方面具有先进性或独创性的产品。按照新产品的创新程度，可将新产品分为以下几种类型：

① 全新新产品。它是指在产品结构、所用材料和生产工艺等方面具有独创性，与现有产品在功能和用途等方面截然不同的产品。

② 换代新产品。它是指在原有产品的基础上，部分采用新技术、新材料、新元件以适应新用途、满足新需要的产品。

③ 改进新产品。它是指对现有产品改进性能，提高质量，或求得规格、型号的扩展，款式、花色的翻新而产生的新品种。

（二）新产品开发的策略

1. 技术领先策略

这种策略的目的是赶在所有竞争者之前，率先采用新技术并使新产品最早进入市场，争取创名牌产品，获取较大的市场占有率和利润。采用这一策略要求企业实力雄厚，有较强的应用研究与开发研究力量，能先发制人，保证技术处于领先地位，但风险也较大。

2. 紧随领先者策略

这一策略通过迅速地仿用领先者的产品技术，在产品生命周期的成长期内将新产品投入市场。这种策略要求企业有较强的工程技术力量与应用开发能力。

3. 成本最低化策略

这种策略是通过仿制，使产品以较低的成本开拓市场。它要求企业的设计与工艺部门在降低成本与费用方面有较强的能力。

4. 部分市场策略

这是一种将基本技术专门用来为少数特定需求服务的策略。它要求企业有较强的设计与工艺力量，并要求制造力量具有较强的适应性。

上述不同的新产品开发策略，适用于不同的情况和条件。每个企业具有自身的特点和优势，并面临不同的市场，必须考虑到自身的技术、设备、资金等条件，因地制宜、因时制宜地选择最合适的新产品开发策略。

（三）新产品开发的程序和内容

新产品开发的程序和内容一般包括以下几个方面：

① 确定新产品开发的目标。在这个阶段，企业必须根据总体经营目标和产品策略，确定开发新产品的目标。

② 寻求新产品的设想。当新产品开发目标和实现这一目标的资源确定以后，必须寻求与发掘新产品的设想。

③ 对新产品设想进行筛选和评价。大量的新设想产生后，经过研究分析和判断，挑选出符合企业经营目标的新设想，淘汰可行性差、成功率低的新设想和建议，使企业现有资源能集中用于成功率高的新产品开发上去。

④ 产品的研制与试验。经过经济分析与论证后选出的新产品方案，将进入研制与试验阶段，试验出可供使用的新产品。这阶段的工作直接关系到新产品的性能与质量，关系到新产品的生产效率与经济效益。

⑤ 开拓市场。这是新产品进入商业化的阶段，也是一个试验与调整的阶段，并且是为新产品取得成功打下最后基础的阶段，很多问题在产品未进入市场前是不能充分暴露和充分认识的。

三、生产计划

（一）生产计划概述

生产计划是一个包括预测职能、需求管理、中期生产计划、主生产计划、材料计划、能力计划、设备计划、新产品开发计划等相关计划职能，并以生产控制信息的迅速反馈连接构成的复杂系统。

1. 生产计划体系

生产计划包括以下 3 个层次：

① 长期生产计划。属于战略计划范围，主要任务是进行产品决策、生产能力决策及确立何种竞争优势的决策，涉及产品发展方向、生产发展规模和新生产设施的建造等。

② 中期生产计划。属于战术性计划，主要任务是在正确预测市场需求的基础上，对企业在计划年度内的生产任务做出统筹安排。

③ 短期生产计划。也称生产作业计划，主要任务是直接依据用户的订单，合理地安排生产活动的每一个细节，使之紧密衔接，以确保按用户要求的质量、数量和交货期交货。

2. 生产计划的策略

在制订生产计划时，有如下 3 种基本策略：

① 追赶策略。在计划时间范围内调节生产速率或人员水平，以适应需求。

② 平衡策略。在计划期内保持生产速率和人员水平不变，使用调节库存或部分开工来适应需求。

③ 混合策略。对于一个企业来说，最好的策略应该是将调节库存、人员水平小幅度变动、加班等几种方式结合使用，即采取一种混合策略。

3. 生产计划的主要指标

生产计划的主要指标有产品品种指标、产量指标、质量指标、产值指标和出产期指标等。这些指标各有不同的内容和作用，并从不同的侧面来反映对生产的要求。

① 产品品种指标是企业在计划期内生产的产品品名和品种数。

② 产品质量指标是指企业在计划期内提高产品质量应当达到的指标。

③ 产量指标是指企业在计划期内出产的符合质量标准的产品数量。

④ 产值指标是用货币表示的产量指标。

⑤ 出产期指标是为了保证按期交货确定的产品出产期限。

4. 生产计划的编制步骤

生产计划的编制步骤是：测算总产量指标；测算分产量指标；编制安排产品出产进度，编制产品出产进度计划。

测算总产量指标首先需要制订年度内产品需求的计划，然后需要检查企业的生产能力能否满足计划产量的需要。测算分产量指标就是确定一个合理而有利的产品品种的构成方案。

制定总产量和分品种产量指标时的生产能力平衡的测算是按全年的生产能力的总量计算的，而且主要是检查关键设备的能力。

（二）生产计划的内容

1. 综合生产计划

综合生产计划又称生产大纲，是对企业未来较长一段时间内资源和需求之间的平衡所做的概括性设想，是根据企业所拥有的生产能力和需求预测对企业未来较长一段时间内的产出内容、产出量、劳动力水平、库存投资等问题所做的决策性描述。它主要是生产计划指标的确定。

2. 主生产计划

主生产计划要确定每一具体的最终产品在每一具体时间段内的生产数量。

3. 物料需求计划

物料需求计划是根据主生产计划的要求，对所需的全部物料（零部件）所做出的安排。要制定出零部件与原材料何时采购、何时生产、不同的量及不同时期的具体数值，这是一项非常复杂的工作。

（三）生产能力计划

1. 生产能力的概念

所谓生产能力，是指企业的固定资产，在一定时期内、一定的技术组织条件下，所能生产的一定种类产品的最大产量。企业生产能力是制订生产计划的依据之一。

2. 生产能力的基本类型

① 设计能力指企业在其设计任务书和技术文件中规定的应达到的最大年产量。它是确定生产规模、编制长期规划、安排基建和技术改造的依据。

② 查定能力指企业在没有设计能力或原来的设计能力不能反映实际情况时，由企业重新调查核定的生产能力。

③ 计划能力(现有生产能力)指企业在计划年度内实际能够达到的生产能力。它是编制年度计划、确定生产计划指标的依据。

3. 影响生产能力的因素

① 产品的品种、技术复杂程度及生产组织方式。

② 生产设备的数量和生产面积、生产效率及时间的有效利用率。

③ 劳动者技术水平和劳动技能的熟练程度。

④ 企业所能运用的物质资源的数量,包括原材料和能源等。

⑤ 企业经营管理水平。

4. 生产能力的计算方法

① 机器设备生产能力的计算公式如下:

$$M = FS/t \text{ 或 } M = FSP$$

式中,M 为某设备组生产能力;F 为计划期单位设备的有效工作时间(小时);S 为设备组内的设备数量;t 为制造单位产品所需设备的台时数;P 为单位设备单位时间产量定额。

② 作业场地生产能力的计算公式如下:

$$M = \frac{FA}{at}$$

式中,M 为某作业组生产能力;F 为单位作业面积的有效利用时间总额(小时);A 为作业面积数量(平方米);t 为制造单位产品所需时间;a 为制造单位产品所需生产面积(平方米/台或件)。

四、供应链管理

(一)供应链管理的概念

1. 供应链的概念

供应链是围绕核心企业,通过对信息流、物流、资金流的控制,从采购原材料开始,到制成中间产品及最终产品,最后由销售网络把产品送到消费者手中的将供应商、制造商、分销商、零售商直到最终用户联成一个整体的功能网链结构模式。

2. 供应链管理的概念

供应链管理是一种集成的管理思想和方法,它执行供应链中从供应商到最终用户的物流的计划和控制等职能。供应链管理把供应链上的各个企业作为一个不可分割的整体,使供应链上各企业分担采购、生产、分销和销售等职能,成为一个协调发展的有机体。要成功实施供应链管理,使供应链管理真正成为有竞争力的武器,就要抛弃传统的管理思想,把企业内部及节点企业之间的各种业务看作一个整体功能过程,形成集成化供应链管理体系。没有集成化,供应链上的每个企业组织在运作的过程中采取的是独立行动,而不是合作行动,很难实现全局最优的目标。通过供应链集成化管理,可以鉴别出整条链上的冗余行为和非增值行为,从而提高整个供应链上每一成员的效益和竞争力。

3. 供应链管理的基本特点

供应链管理与传统管理相比,具有以下特点:

① 供应链管理视所有节点企业为一个整体,将各个企业原本独立的业务活动,通过信

息共享与流程重构等手段进行有机衔接,达到减少冗余活动、改善活动之间的合理性和协同性、提高作业速度和效率的目的。这与传统管理模式完全依托库存将各项业务活动联系起来的方式,具有本质的区别。

② 供应链管理注重战略管理思维。首先,供应链作为一种组织形式的创新,其目的是要在相关企业之间通过各种管理方法和技术手段的运用,形成一种长期的战略合作伙伴关系,注重在战略层次上提升供应链的竞争能力。其次,"供应"是对整个供应链中各节点企业之间共享与共生关系的浓缩,它们之间供应与需求的不仅是产品与服务,更深层次的意义在于相互能力的互补。这与传统企业内部的部门设置和职能分工有本质的区别。

③ 供应链管理的最关键理念是采用集成化的思想和方法,通过信息共享,把各个节点企业的作业活动镶嵌在整个供应链的业务流程中,而不仅仅是产品和服务的首尾连接。如果说供应链的节点企业多是有机的、协同的作业方式,那么,传统企业之间的合作则多是简单的、串行的作业方式。

（二）采购管理

1. 采购管理的内容

采购管理的内容包括采购计划与预算,供应商开发管理,采购物流管理,采购绩效评估,采购信息平台搭建,采购管理制度建立、工作标准、运作程序与作用流程,以及采购策略规划。

2. 采购步骤

采购工作通常包括以下步骤:从各职能部门和库存管理部门获得对各种物资的需要量;了解对各种物资的技术要求和等级;按不同的供应商将物资分类编组;对特定的物资进行招投标;按质量、价格、交货期等进行评标;选择供应商,发出订货后,进行催货;掌握供货进程,检查到货进度和质量情况;随时记录价格、质量等信息,以便对供应商进行评价。

3. 准时化采购

① 准时化采购的含义。准时化采购也叫 JIT(just-in-time)采购法,是一种先进的采购模式。其基本思想是在恰当的时间、恰当的地点,以恰当的数量、恰当的质量提供恰当的物品。它是从准时生产发展而来的,是为了清除库存和不必要的浪费而进行的持续性改进。准时化采购包括供应商的支持与合作及制造过程、货物运输系统等一系列的内容。准时化采购不但可以减少库存,还可以加快库存周转、缩短提前期、提高购物的质量,以及获得满意交货等。

② 准时化采购与传统采购的区别。准时化采购与传统采购的区别如表 2-4 所示。

表2-4　准时化采购与传统采购的区别

项　目	准时化采购	传统采购
采购批量	小批量,送货频率高	大批量,送货频率低
供应商选择	长期合作,单源供应	短期合作,多源供应
供应商评价	质量、交货期、价格	质量、价格、交货期
检查工作	逐渐减少,最后消除	收货,点货,质量验收
协商内容	长期合作关系、质量和合理价格	获得最低价格
运输	准时送货,买方负责安排	较低的成本,买方负责安排

③ 准时化采购的实施。供应链上的节点企业有效地实施准时化采购,可以采用以下方法:创建准时化采购班组;制订计划,确保准时化采购策略有计划、有步骤地实施;精选少数供应商,建立伙伴关系;进行试点工作;搞好供应商的培训,确定共同目标;向供应商颁发产品免检合格证书;实现配合准时化生产的交货方式;继续改进,扩大成果。

4. 批量采购管理

订购批量就是每次订购原材料的数量。降低订购批量,一方面可以使存货的储存成本随着平均储存量的下降而下降,因为平均储存量相当于订购批量的一半;另一方面却使订货成本随着订货批数的增加而增加。反之,减少订货批数以降低订货成本,又会增加储存成本。采购管理者要计算出这2种成本的年合计数最低的订购批量,即经济订购批量。经济订购批量要求的订购批数,即最优订购批数。

(三)库存管理

1. 库存的基本概念

从客观上来说,所谓库存,是企业用于今后销售或使用的储备物料。制造业的库存主要包括原材料、辅助材料、在制品、产成品、外购件及运输中的货物等。

2. 库存的种类

按库存用途分类,主要包括经常性库存、保险性库存和季节性库存:

① 经常性库存指企业前后2次订货时间间隔期内,为保证企业正常生产必须耗用的物资储备量。

② 保险性库存指企业为防止由于原材料供应商生产或运输过程可能出现的错误而设置的物资储备量。

③ 季节性库存指企业为防止季节性变化影响进货而设立的物资储备量。

3. 库存管理的任务

库存控制工作的难点是如何正确处理、充分发挥库存功能的同时,尽可能地降低库存成本。此两者间存在一些内在的矛盾,在进行库存控制工作时应该侧重完成以下几项任务:

① 保障生产供应。库存的基本功能是保证生产的正常进行。企业维持适度的库存,可以避免因供应不足而出现非计划性的生产间断。

② 控制生产系统的工作状态。一个精心设计的生产系统,均存在一个正常的工作状态,此时,生产按部就班地有序进行,生产系统中库存情况,特别是在制品的数量,与该生产系统所设定的在制品定额相近。反之,如果一个生产系统的库存失控,该生产系统也很难处于正常的工作状态。因此,现代库存管理理论将库存控制与生产控制结合为一体,通过对库存情况的监控,达到生产系统整体控制的目的。

③ 降低生产成本。控制生产成本是生产管理的重要工作之一。无论是生产过程中的物资消耗,还是生产过程中的流动资金的占用,均与生产系统的库存控制有关。通过有效的库存控制方法,使企业在保障生产的同时减少库存量,提高库存物资利用率,可以起到降低生产成本的作用。

4. 库存控制的 ABC 管理法

库存控制中,在库存量与资金占用量之间存在着这样一种关系:少数库存项目占用着大部分的库存资金，相反大多数的库存物资仅占全部库存资金的小部分。根据这一特点，采取重点管理少数价值高的物品的策略，可以收到很好的效果。ABC 分类法就是为了体现这个思想而设计的，方法十分简单，却非常有效。ABC 分类管理就是按照一定的标准，将企业的存货分为 A、B、C 三类，分别实行分品种重点管理、分类别一般控制和按总额灵活掌握的存货管理方法。

五、生产运作管理新模式

（一）准时化生产方式

1. 准时化生产的基本含义

准时化生产，又称无库存或零库存生产方式，它是由日本丰田汽车公司于 20 世纪 70 年代创立的，由于其具有高质量、低成本、富有弹性、应变能力强、能灵活适应市场需求变化等特点而受到企业界的广泛关注，并对日本汽车工业国际市场竞争力的增强和提高产生了重要作用和影响。

准时化生产的基本含义是：只在需要的时间和地点，生产必要的数量和完美质量的产品和零部件，以杜绝超量生产，消除无效劳动和浪费，达到用最少的投入实现最大产出的目的。准时化生产的核心是追求多品种中小批量生产的合理性、高效性和适应性，以彻底消除无效劳动和浪费。

2. 准时化生产的基本方法

为了彻底消除企业中存在的大量无效劳动和浪费，准时化生产采取的基本方法是适时适量生产、弹性配置作业人员和质量保证。

① 适时适量生产。准时化生产所要表达的真正含义是"在需要的时候，按需要的量生产所需要的产品"。

② 弹性配置作业人员。在劳动力成本越来越高的今天，降低劳动力成本无疑是降低总成本的一个重要方面。而降低劳动力成本的主要途径是少人化，即根据生产量的变动，弹性地增减各生产线的作业人员，尽量用较少的人力完成较多的生产。实现少人化的具体方法是实施独特的设备布置，以便能够将需求减少时，各作业点减少的工作集中起来，以整数削减人员。

③ 质量保证。准时化生产方式认为，提高质量与降低成本具有一致性，其具体方法是实现质量检验的"自动化"，即在生产组织中融入两种机制。第一，使设备或生产线能够自动检测不良产品，一旦发现异常或不良产品，可以自动停止设备运行。为此在设备上开发、安装了各种自动停止装置和加工状态检测装置。第二，管理中心下移，对生产线上的作业人员进行授权，规定生产线上的设备操作人员一旦发现产品或设备出现问题，有权自行停止生产线。

3. 实施适时适量生产的具体方法

① 生产同步化。为了实现适时适量生产，首先需要致力于生产的同步化，即工序间不设置仓库，在制品在前一道工序加工结束后，立即转到下一道工序，装配线与机器加工几乎平行进行，产品被一件一件连续地生产出来。生产的同步化是通过"后工序领取"的方法来

实现的。其特点是变"推动式"生产为"拉动式"生产,即后工序只在需要的时候到前工序领取所需的加工品,前工序只按照被领取走的数量和品种进行生产。这样,最后一道制造工序,即总装配线,成为生产的出发点。生产计划只下达给总装配线,以装配为起点,在需要的时候向前工序领取必要的零部件,前工序在提供了必要零部件后,为了补充生产被领走的量,必然会向前一道工序领取所需的零部件。这样一层一层向前工序领取,直到粗加工及原材料部门,把各个工序连接起来,实现同步化生产。

② 生产均衡化。生产均衡化是实现适时适量生产的前提条件。所谓生产均衡化,是指总装配线在向前工序领取零部件时,应均衡地使用各种零部件,混合生产各种产品。为此,在制订生产计划时就必须加以考虑,然后将其体现在产品生产计划中。在制造阶段,均衡化通过专用设备通用化和制定标准作业来实现。所谓专用设备通用化,是指通过在专用设备上增加一些工具、夹具等方法,使之能够加工多种不同的零部件或产品。制定标准作业是指将作业节拍内一个作业人员所应担当的作业内容标准化。

③ 实现适时适量生产的管理工具。在实现适时适量生产中,具有极为重要意义的管理工具是看板。看板管理可以说是准时化生产方式中最独特的部分,因此,也有人将准时化生产方式称为"看板方式"。但严格地讲是不正确的,因为准时化生产方式的本质是一种管理技术,而看板只不过是实现准时化管理的一种工具。

看板的主要机能是传递和运送生产指令。在准时化生产方式中,生产的月度计划是集中制订的,同时传达到各工厂和协作企业。而与此相应的日生产指令只下达到最后一道工序或总装配线,对其他工序的生产指令均通过看板来实现,即后工序在需要的时候用看板向前工序领取所需的量的同时也向前工序发出了生产指令。由于生产不可能完全按照生产计划来进行,日生产量的不均衡以及日生产计划的修改都通过看板来实现微调。同时,看板还具有改善的功能,通过看板可以发现生产中存在的问题,从而立即采取改善的对策。

4. 弹性作业人员的实现方法——少人化

少人化是通过对人力资源的调整或重新安排来提高生产率。少人化的实质是作业人员随着生产量的变化而变化,即生产量大时增加作业人员,生产量小时减少作业人员,使作业人员的数量与生产量保持一致。

要实现少人化,需要以下 3 个前提条件:一是要有适当的设备布置。方法是采取设备的联合 U 形布置,使每个作业人员的工作范围可以简单地扩大或缩小。二是要有训练有素、具有多种技能的作业人员,即"多面手"。培养"多面手"的方法主要是作业人员实行"职务定期轮换"制度。三是要经常审核和定期修改标准作业组合。标准作业组合的改变可以通过不断改善作业方法和设备来进行,目的在于使产量不变或增加,也要尽可能使作业人数保持最少。

(二) 精益生产方式

1. 精益生产的内涵

精益生产(Lean Production,LP)是美国研究人员通过大量实地考察和研究,在对西方大量生产方式与日本丰田公司生产方式分析的基础上,于 1990 年提出的新型管理方式。这种生产方式以整体优化的观点,科学合理地组织与配置企业拥有的生产要素,消除生产过程中一切不产生附加价值的劳动和资源,以人为中心,以简化为手段,以尽善尽美为最终目标,使企业适应市场的应变能力增强,取得更高的经济效益。

所谓精益生产，就是企业紧紧围绕市场需求来组织生产，以市场需求的品种、数量、时间和质量来拉动企业生产的品种、数量、时间和质量。也就是企业以市场需求为依据，准时地组织各环节生产，一环拉动一环，消除生产过程中的一切松弛点，从而最大限度地提高生产过程的有效性和经济性，尽善尽美地满足用户的需求。

2. 精益生产的内容

精益生产是对准时化生产方式的进一步提炼和理论总结，其主要内容概括如下：

① 在生产系统方面，以作业现场具有高度工作热情的"多面手"和独特的设备配置为基础，将质量控制融入每一个生产工序中去。生产迅速，能够灵活敏捷地适应产品的设计变更、产品变化及多品种混合生产的要求。

② 在零部件供应系统方面，主张与零部件供应厂家保持长期稳定的全面合作关系，包括资金合作、技术合作及人员合作，形成一种"命运共同体"，并注重培养和提高零部件供应厂家的技术能力和开发能力，使零部件供应系统也能够灵活敏捷地适应产品的设计变更及产品变换。进一步地，通过管理信息系统的支持，使零部件供应厂家也共享企业的生产管理信息，从而保证及时、准确地交货。

③ 在产品的研究开发方面，以并行工程和团队工作方式为研发队伍的主要组织形式和工作方式。在一系列开发过程中，强调产品开发、设计、工艺、制造等不同部门之间的信息沟通和同时并行开发。这种并行开发还扩大至零部件供应厂家，充分利用他们的开发能力，促使其从早期开始参加开发，由此大大缩短开发周期并降低成本。

④ 在流通方面，与顾客及零售商、批发商建立一种长期的关系，使来自顾客、零售商、批发商的订货与工厂的生产系统直接挂钩，使销售成为生产活动的起点。极力减少流通环节的库存，并使销售和服务机能紧密结合，以迅速、周到的服务来最大限度地满足顾客的需求。

⑤ 在人力资源利用上，形成一套劳资互惠的管理体制，并一改大量生产方式中把工人只看作一种"机器的延伸"的机械式管理方法，通过质量控制小组、提案制度、团队工作方式和目标管理等一系列具体方法，调动和鼓励员工进行创造性思考的积极性，并注重培养和训练工人以及各级管理人员的多方面技能，最大限度地发挥和利用企业组织中每个人的潜在能力，由此提高职工的工作热情和工作兴趣。

⑥ 在管理理念上，把现有的生产方式、管理方式看作改善的对象，不断地追求降低成本、降低费用、完善质量、零缺陷、多品种、多样化等目标。

总而言之，精益生产是一种在降低成本的同时使质量显著提高，增加生产系统柔性的同时使人增加对工作的兴趣和热情的生产方式。与资源消耗型的大量生产方式相比，这是一种资源节约型和劳动节约型的生产方式。

任务四 市场营销管理

一、市场营销总论

（一）市场的概念

随着商品生产的发展，市场的概念也在发展，人们常常从不同角度去理解市场，主要的定义有以下几个：

① 市场是商品交换关系的总和。这是经济学上对市场的理解。通常说的市场调节、市场供给中的市场就是经济学意义上的市场。

② 市场是买主和卖主进行商品交换的场所。这是一个关于市场的古老定义，但它毕竟仍然是一种客观存在，仍然被广泛地使用。

③ 市场是某项产品或劳务现实的或潜在的购买者集合。这是站在卖方角度，作为供给的一方来研究如何适应买方的要求，如何组织整体营销活动，如何拓展销路，以达到卖方的经营要求。现代市场营销学一般都从卖方角度来理解"市场"这个概念的含义。

（二）市场营销的概念

西方国家对营销的解释如下：

① 营销有时候是指社会的某些经济活动，即宏观市场营销，它是以这个社会发展和商品产销为基础，宏观地分析和把握市场营销活动。

② 营销有时候指企业的某些经济活动，即微观市场营销。

我国研究市场营销，主要从企业经营角度研究市场营销，即微观市场营销，并不研究市场供求理论、市场供求状态等，而是站在卖方的角度研究如何满足消费者需求，实现企业利润的整个营销管理活动。

（三）市场营销过程

在每个业务单位内，市场营销的作用都是帮助实现战略总目标。市场营销在组织中的作用和活动如图 2－4 所示，该图概括了整个市场营销过程，以及影响企业营销战略的主要力量。

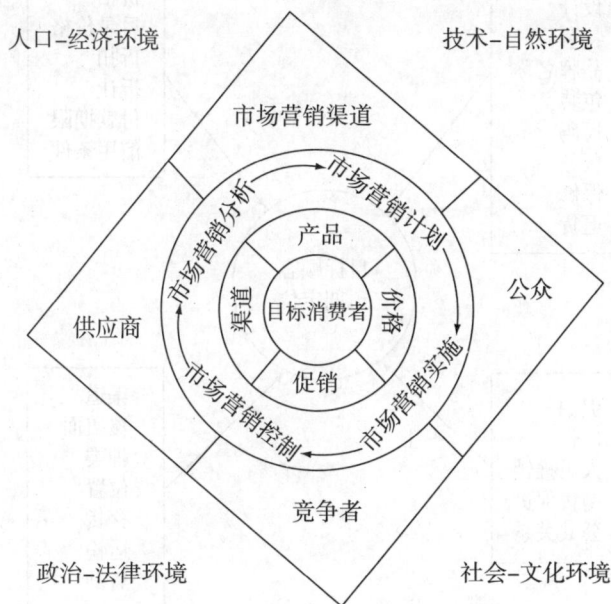

图 2－4　影响企业营销战略的因素

从图中可以看出目标消费者位居中心，企业识别总体市场，将其划分为较小的细分市场，选择最有开发价值的细分市场，并集中力量满足和服务于这些细分市场。企业设计由其控制的四大要素（产品、价格、渠道和促销）所组成的市场营销组合。为了找到和实施最好的营销组合，要进行市场营销分析、计划、实施和控制。通过这些活动，观察并应变于市场营销环境。

1. 目标消费者

为了在竞争激烈的市场中获胜，企业必须以顾客为中心，从竞争对手那里赢得顾客，并通过提供更大的价值来保住顾客。但是，在满足顾客之前，企业必须先了解顾客的需求和欲望。因此，要仔细分析消费者，至少不能以同一种方式来满足所有的消费者。消费者的类型太多，他们的需求种类也太多，而且，一些企业在为某些细分市场服务方面处于优势，因此，每个企业都必须分割总体市场，选择最好的细分市场，并制定战略以便以优于竞争对手的方式服务于选定的细分市场，赚得利润。这一过程包括3个步骤：市场细分、目标市场选择、市场定位。

2. 设计营销组合

企业一旦对其竞争性营销总战略做出了决策，就要开始准备计划营销组合的详细内容。所谓营销组合，是指企业为了在目标市场制造它想要的反应而混合采用的一组可控制的战术营销手段。营销组合包括企业为影响对其产品的需求而做的任何事情，大致可分为4组变量，被称为4P，即产品（Product）、价格（Price）、渠道（Place）和促销（Promotion）。其具体营销手段如图2-5所示。

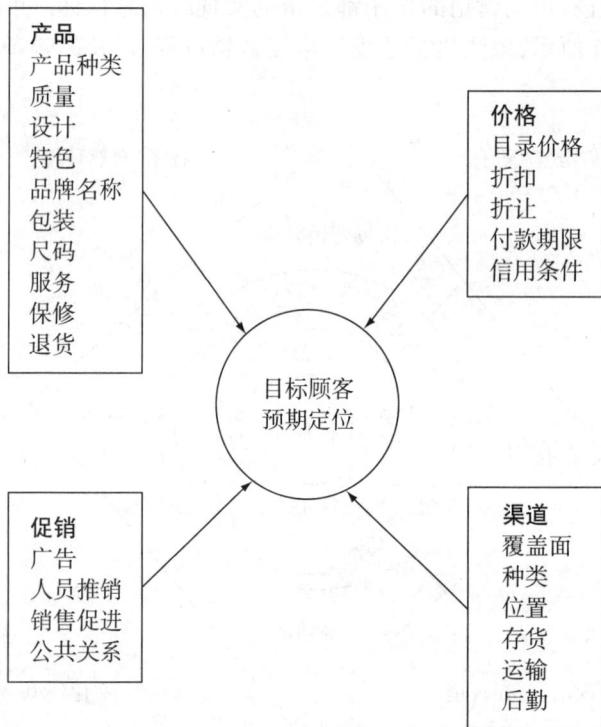

图2-5 营销组合的4P

① 产品是指企业向目标市场提供的商品和服务的结合体。

② 价格是指顾客为获得产品而必须支付的金额。

③ 渠道包括企业为使产品到达目标消费者手中而进行的活动。

④ 促销是指传递产品优点并说服目标顾客购买该产品的活动。

二、市场营销环境分析

所谓市场营销环境,就是指影响企业市场营销活动及其目标实现的各种因素和动向的总和。企业要主动地适应环境,而且要通过营销去影响环境,使环境有利于企业的生存和发展。

按照企业对市场营销环境的是否可控性,把企业营销环境分为两大部分:宏观环境和微观环境。微观环境指与企业关系密切、能够直接影响企业服务顾客能力的各种因素。企业一般可以对这些因素进行控制和影响,如企业自身、供应商、销售渠道、顾客、竞争对手及公众。宏观环境是指能够影响整个微观环境的广泛的社会性因素。一般这些因素是间接影响企业营销活动的,且企业对其不可以控制,如人口、经济、自然环境、科学技术、政治法律和社会文化等因素,具体如图 2-6 所示。

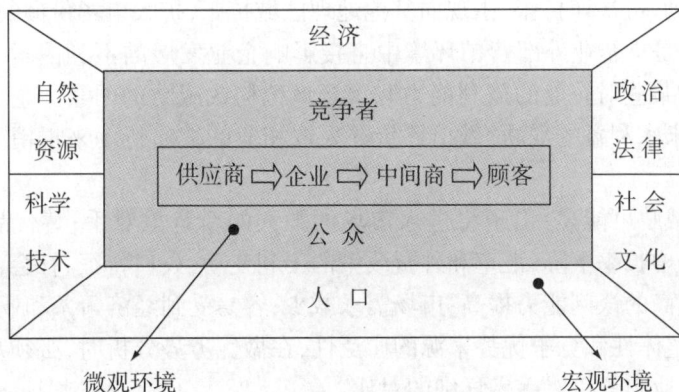

图 2-6　市场营销环境总体构成

市场营销环境分析的具体步骤如图 2-7 所示。

市场营销环境分析的方法如下。

(一) SWOT 分析法

SWOT 分析法又称态势分析法,它是由旧金山大学的管理学教授于 20 世纪 80 年代初提出来的,是一种能够较客观而准确地分析和研究一个企业市场营销环境情况的方法。

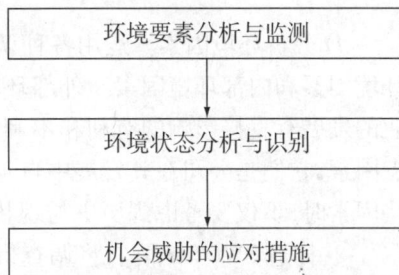

图 2-7　市场营销环境分析的步骤

SWOT 四个英文字母分别代表:优势(Strength)、劣势(Weakness)、机会(Opportunity)、威胁(Threat)。从整体上看,SWOT 可以分为两部分:第一部分为 SW,主要用来分析企业的内部环境条件;第二部分为 OT,主要用来分析企业的外部环境条件。利用这种方法可以从中找出对企业有利的、值得发扬的因素，以及对企业不利的、要避开的因素，发现存在的问题，找出解决办法，并明确以后的发展方向。

① 优势（S）是指一个企业超越其竞争对手的能力，或者指公司所特有的能提高公司竞争力的能力。例如，当2个企业处在同一市场，如果其中一个企业有更高的盈利率或盈利潜力，那么，这个企业比另外一个企业更具有竞争优势。

竞争优势包括技术技能优势、有形资产优势、无形资产优势、人力资源优势、组织体系优势和竞争能力优势等。

② 劣势（W）是指某种公司缺少或做得不好的东西，或指某种会使公司处于劣势的条件。

可能导致内部弱势的因素有：缺乏具有竞争意义的技能技术，缺乏有竞争力的有形资产、无形资产、人力资源、组织资产，关键领域里的竞争能力正在丧失。

③ 机会（O）是指企业外部营销环境中直接影响企业发展的有利因素。企业管理者应当确认每一个机会，评价每一个机会的成长和利润前景，选取那些可与企业财务和组织资源匹配，使企业获得竞争优势的潜力最大的最佳机会。

潜在的发展机会可能是：客户群的扩大趋势或产品细分市场；技能技术向新产品新业务转移，为更大客户群服务；前向或后向整合；市场进入壁垒降低；获得并购竞争对手的能力；市场需求增长强劲，可快速扩张；出现向其他地理区域扩张，扩大市场份额的机会。

④ 威胁（T）是指企业外部营销环境中直接影响企业发展的不利因素。在企业的外部环境中，总是存在某些对企业的盈利能力和市场地位构成威胁的因素。企业管理者应当及时确认危及企业未来利益的威胁，做出评价并采取相应的战略行动来抵消或减轻它们所产生的影响。

企业的外部威胁可能是：出现将进入市场的强大的新竞争对手；替代品抢占公司销售额；主要产品市场增长率下降；汇率和外贸政策的不利变动；人口特征、社会消费方式的不利变动；客户或供应商的谈判能力提高；市场需求减少；容易受到经济萧条和业务周期的冲击。

由于企业的整体性和竞争优势来源的广泛性，在做优劣势分析时，必须从整个价值链的每个环节上，将企业与竞争对手做详细的对比。

（二）SWOT 分析法的步骤

① 分析环境因素。运用各种调查研究方法，分析出企业所处的各种环境因素，即外部环境因素和内部环境因素。外部环境因素包括机会因素和威胁因素，它们是外部环境对企业的发展有直接影响的有利和不利因素，属于客观因素。内部环境因素包括优势因素和弱点因素，它们是公司在其发展中自身存在的积极和消极因素，属于主动因素。在调查分析这些因素时，不仅要考虑到历史与现状，而且更要考虑到未来发展问题。

② 构造 SWOT 矩阵。将调查得出的各种因素根据影响程度等排序方式，构造 SWOT 矩阵。在此过程中，将那些对企业发展有直接的、重要的影响因素优先排列出来，而将那些间接的、次要的影响因素排列在后面。

③ 制订行动计划。在完成环境因素分析和 SWOT 矩阵的构造后，便可以制订出相应的行动计划。运用系统分析的综合分析方法，将排列与考虑的各种环境因素相互匹配起来加以组合，得出一系列企业未来发展的可选择对策。

三、营销策略

（一）产品策略

1. 产品策略概念

产品策略是市场营销的核心，是价格策略、分销策略和促销策略的基础，是企业生产活动的中心。因此，产品策略是企业市场营销活动的支柱和基石。

企业的一切生产经营活动都是围绕着产品进行的，即通过及时、有效地提供消费者所需要的产品而实现企业的发展目标。企业生产什么产品？为谁生产产品？生产多少产品？这是企业产品策略必须回答的问题。

2. 新产品开发战略

产品的竞争领域、新产品开发的目标及实现目标的措施构成了新产品战略，关于新产品开发策略，本书项目二任务三已有论述，所以本任务将从另一个角度简述如下：

① 冒险或创业战略。中小企业显然不适合运用此战略。

② 进取战略。该新产品战略的风险相对要小。

③ 紧跟战略。许多中小企业在发展之初常采用此战略。

④ 保持地位或防御战略。成熟产业或夕阳产业中的中小企业常采用此战略。

3. 产品生命周期

在产品生命周期的不同阶段，产品的市场占有率、销售额和利润额是不一样的。导入期产品销售量增长较慢，利润额多为负数。当销售量迅速增长，利润由负变正并迅速上升时，产品进入了成长期。经过快速增长的销售量逐渐趋于稳定，利润增长处于停滞，说明产品成熟期来临。在成熟期的后一阶段，产品销售量缓慢下降利润开始下滑。当销售量加速递减，利润也较快下降时，产品便步入了衰退期。研究产品生命周期对企业营销活动具有十分重要的启发意义。

4. 营销策略

导入期是新产品的最初销售时期，只有少数创新者和早期采用者购买产品，销售量小，促销费用和制造成本很高，竞争也不太激烈。这一阶段企业营销策略是，把销售力量直接投向最有可能的购买者，即新产品的创新者和早期采用者，让这两类消费者加快新产品的扩散速度，缩短导入期的时间。具体可选择的营销策略有：①快速撇脂策略，即高价、高强度促销；②缓慢撇脂策略，即高价、低强度促销；③快速渗透策略，即低价、高强度促销；④缓慢渗透策略，即低价、低强度促销。

成长期的产品，其性能基本稳定，大部分消费者对产品已熟悉，销售量快速增长，竞争者不断进入，市场竞争加剧。企业为维持其市场增长率，可采取以下策略：①改进和完善产品；②寻求新的细分市场；③改变广告宣传的重点；④适时降价。

成熟期的营销策略应该是主动出击，以便尽量延长产品的成熟期，具体策略有：①市场改良策略，即通过开发产品的新用途和寻找新用户来扩大产品的销售量；②产品改良策略，即通过提高产品的质量，增加产品的使用功能，改进产品的款式、包装，提供新的服务等来吸引消费者。

衰退期的产品,企业可选择以下几种营销策略:①维持策略;②转移策略;③收缩策略;④放弃策略。

（二）价格策略

价格策略是给买者规定一个价格。在营销组合中,价格是唯一能产生收入的因素,其他因素表现为成本。

厂商面对买者的 3 种主要的定价决策问题是:①对第一次销售的产品如何定价;②怎样随时间和空间的转移修订一个产品的价格以适应各种环境和机会的需要;③怎样调整价格和怎样对竞争者的价格调整做出反应。

在第一次制定价格时,企业要考虑以下因素:①定价目标;②确定需求;③估计成本;④选择定价方法;⑤选定最终价格。

以下是 3 种较为简单易用的定价模型。

1. 赫尔曼·西蒙模型

赫尔曼·西蒙(Hermann Simon)于 1979 年提出了一个与品牌生命周期相关联的价格弹性动态模型。

西蒙的研究发现对于企业根据价格弹性的变化制定最优定价政策具有重要意义。

2. 拉奥－夏昆模型

拉奥(Ambar G. Rao)和夏昆(Melvin F. Shakun)于 1972 年提出了关于新品牌进入市场的价格模型。该模型既充分考虑到了市场结构,又考虑到了在实现价格战略过程中的企业品牌目标和竞争者目标。

3. 多兰－朱兰德模型

多兰(Robert J. Dolan)和朱兰德(Abel P. Jeuland)于 1981 年提出了将成本动态和扩散过程动态考虑在内的最优价格模型。该模型反映了在计划期内最优价格的时间轨迹,对于创新企业在激烈竞争中灵活选择渗透战略和撇脂战略具有重要的启示,即当需求曲线随时间的推移呈稳定状态且生产成本随累计价值的增加而下降时,采取撇脂战略为最优选择;在以扩散过程为特征的耐用品需求情况下,采取渗透战略为最优选择。

（三）营销渠道策略

营销渠道策略对降低企业成本和提高企业竞争力具有重要意义。随着市场发展进入新阶段,企业的营销渠道不断发生新的变革,旧的渠道模式已不能适应形势的变化。

营销渠道策略包括渠道的拓展方向、分销网络建设和管理、区域市场的管理,以及营销渠道自控力和辐射力的要求。

企业营销渠道的选择将直接影响到其他的营销决策,如产品的定价。它同产品策略、价格策略和促销策略一样,也是企业开拓市场、实现销售及经营目标的重要手段。

营销渠道策略的选择包括:①直接渠道或间接渠道;②长渠道或短渠道;③宽渠道或窄渠道;④单一营销渠道和多营销渠道;⑤传统营销渠道和垂直营销渠道。

（四）促销策略

促销策略是指企业如何通过人员推销、广告、公共关系和营业推广等各种促销方式,向消费者或用户传递产品信息,引起他们的注意和兴趣,激发他们的购买欲望和购买行为,以达到扩大销售的目的。

根据促销手段的出发点与作用的不同,可分为推式策略和拉式策略。

1. 推式策略

推式策略以直接方式,运用人员推销手段,把产品推向销售渠道。其过程为,企业的推销员把产品或劳务推荐给批发商,再由批发商推荐给零售商,最后由零售商推荐给最终消费者。该策略适用于以下几种情况:①企业经营规模小,或无足够资金用以执行完善的广告计划;②市场较集中,分销渠道短,销售队伍大;③产品具有很高的单位价值;④产品的使用、维修、保养方法需要进行示范。

2. 拉式策略

拉式策略采取间接方式,通过广告和公共宣传等措施吸引最终消费者,使消费者对企业的产品或劳务产生兴趣,从而引起需求,主动去购买商品。其过程为,企业将消费者引向零售商,将零售商引向批发商,将批发商引向生产企业。这种策略适用于:①市场广大,产品多属便利品;②商品信息必须以最快速度告知广大消费者;③对产品的初始需求已呈现出有利的趋势,市场需求日渐上升;④产品具有独特性能,与其他产品的区别显而易见;⑤能引起消费者某种特殊情感的产品;⑥有充分资金用于广告。

(五)广告策略

广告策略是指广告策划者在广告信息传播过程中,为实现广告战略目标所采取的对策和应用的方法、手段。

广告策略的表现形式通常有如下 5 种:①配合产品策略而采取的广告策略,即广告产品策略;②配合市场目标采取的广告策略,即广告市场策略;③配合营销时机而采取的广告策略,即广告发布时机策略;④配合营销区域而采取的广告策略,即广告媒体策略;⑤配合广告表现而采取的广告表现策略。广告策略必须围绕广告目标,因商品、因人、因时、因地而异,还应符合消费心理。

广告策略的基本构架包括:①背景/行销目标;②广告目标;③目标市场消费群/消费者最大难题;④竞争情况/竞争范畴;⑤消费者认知;⑥消费者利益;⑦广告主张;⑧支持广告主张的理由;⑨表现基调和手法。

四、营销战略

(一)目标营销战略

目标营销战略又称 STP 战略,属于企业战略的职能层。营销大师菲利普·科特勒(Philip Kotler)认为:当代战略营销的核心,可被定义为 STP。这里 S 指 Segmenting market,即市场细分;T 指 Targeting market,即选择目标市场;P 指 Positioning,即定位。

目标市场营销有 3 个主要步骤:第一步为市场细分,即根据购买者对产品或营销组合的不同需要,将市场分为若干不同的顾客群体,并勾勒出细分市场的轮廓;第二步,确定目标市场,选择要进入的一个或多个细分市场;第三步,进行科学的市场定位,建立并在市场上传播该产品的关键特征与利益。以上3个步骤是紧密相连、步步推进的。

1. 市场细分

从企业市场营销的角度看,无论消费者市场还是产业市场,并非所有的细分市场都有意义,所选择的细分市场必须具备一定的条件。

① 可衡量性。它是指市场特征的有关数据资料必须能够加以衡量和推算。当然,将这些资料予以量化是比较复杂的过程,必须运用科学的市场调研方法。

② 可实现性。它是指企业所选择的目标市场是否易于进入,根据企业目前的人、财、物和技术等资源条件能否通过适当的营销组合策略占领目标市场。

③ 可盈利性。它是指所选择的细分市场有足够的需求量且有一定的发展潜力,使企业赢得长期稳定的利润。

④ 可区分性。它是指不同的细分市场的特征可清楚地加以区分。

2. 目标市场

目标市场战略包括以下几种:

① 无差异性营销战略。实行无差异性营销战略的企业把整体市场看作一个大的目标市场,不进行细分,用一种产品、统一的市场营销组合对待整体市场。实行此战略的企业基于两种不同的指导思想,第一种是从传统的产品观念出发,如图2-8(a)所示,强调需求的共性,漠视需求的差异。因此,企业为整体市场生产标准化产品,并实行无差异的市场营销战略。在大量生产、大量销售的产品导向时代,企业多数采用无差异性营销战略经营。实行无差异性营销战略的另一种思想是:企业经过市场调查之后,认为某些特定产品的消费者需求大致相同或较少差异,因此可以采用大致相同的市场营销战略。从这个意义上讲,它符合现代市场营销理念。

采用无差异性营销战略的最大优点是成本的经济性。大批量的生产销售,必然降低单位产品成本;无差异的广告宣传可以减少促销费用;不进行市场细分,也相应减少了市场调研、产品研制与开发,以及制定多种市场营销战略、战术方案等带来的成本开支。

但是,无差异性营销战略对市场上绝大多数产品都是不适宜的,因为消费者的需求偏好具有极其复杂的层次,某种产品或品牌受到市场的普遍欢迎是很少的。即便一时能赢得某一市场,如果竞争企业都如此仿照,就会造成市场上某个部分竞争非常激烈,而其他市场部分的需求却未得到满足。

② 差异性营销战略。差异性市场营销战略是把整体市场划分为若干需求与愿望大致相同的细分市场,然后根据企业的资源及营销实力选择部分细分市场作为目标市场,并为各目标市场制定不同的市场营销组合策略,如图2-8(b)所示。

采用差异性市场营销战略的最大长处是可以有针对性地满足具有不同特征的顾客群的需求,提高产品的竞争能力。但是,由于产品品种、销售渠道、广告宣传的扩大化与多样化,市场营销费用大幅度增加。所以,无差异性营销战略的优势基本上成为差异性营销战略的劣势。其他问题还在于该战略在推动成本和销售额上升的同时,市场效益并不具有保证。

③ 集中性营销战略。集中性营销战略是在将整体市场分割为若干细分市场后,只选择其中某一细分市场作为目标市场,如图2-8(c)所示。其指导思想是把企业的人、财、物集中用于某一个或几个小型市场,不求在较多的细分市场上都获得较小的市场份额,而要求在少数较小的市场上得到较大的市场份额。

（a）无差异性营销战略

（b）差异性营销战略

（c）集中性营销战略

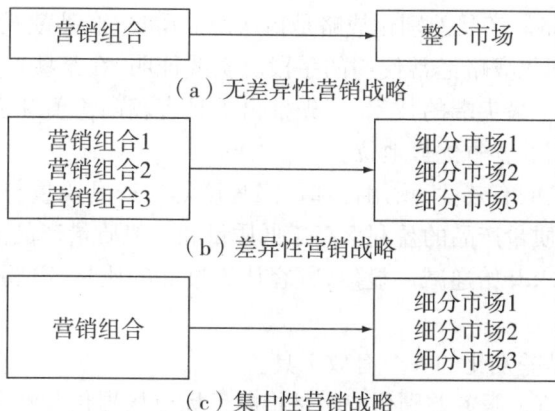

图2-8 3种可供选择的目标营销战略

集中性营销战略又称"弥隙"战略，即弥补市场空隙的意思，适合资源薄弱的小企业。小企业如果与大企业硬性抗衡，弊多于利，必须学会寻找对自己有利的生存环境。也就是说，如果小企业能避开大企业竞争激烈的市场部位，选择一两个能够发挥自己技术、资源优势的小市场，往往容易成功。由于目标集中，可以大大节省营销费用和增加赢利；由于生产、销售渠道和促销的专业化，能够更好地满足这部分特定消费者的需求，企业易于取得优越的市场地位。

这一战略的不足是，经营者承担风险较大，如果目标市场的需求情况突然发生变化，目标消费者的兴趣突然转移或是市场上出现了更强有力的竞争对手，企业就可能陷入困境。

④ 选择目标市场营销战略的条件：

- 企业能力。企业能力是指企业在生产、技术、销售、管理和资金等方面力量的总和。如果企业力量雄厚，且市场营销管理能力较强，即可选择差异性营销战略或无差异性营销战略。如果企业能力有限，则宜选择集中性营销战略。
- 产品同质性。同质性产品主要表现在一些未经加工的初级产品上，虽然产品在品质上或多或少存在差异，但用户一般不加区分或难以区分。因此，同质性产品竞争主要表现在价格和提供的服务条件上，该类产品适于采用无差异性营销战略。而对异质性需求产品，可根据企业资源力量，采用差异性营销战略或集中性营销战略。
- 产品所处的生命周期阶段。新产品上市往往以较单一的产品探测市场需求，产品价格和销售渠道基本上单一化。因此，新产品在引入阶段可采用无差异性营销战略。而待产品进入成长或成熟阶段，市场竞争加剧，同类产品增加，再用无差异营销战略就难以奏效，所以成长阶段改为差异性或集中性营销战略效果更好。
- 市场的类同性。如果顾客的需求、偏好较为接近，对市场营销刺激的反应差异不大，可采用无差异性营销战略；否则，应采用差异性或集中性营销战略。
- 视竞争者战略而定。如果竞争对手采用无差异性营销战略时，企业选择差异性或集中性营销战略有利于开拓市场，提高产品竞争能力。如果竞争者已采用差异性营销战略，则不应以无差异性营销战略与其竞争，可以选择对等的或更深层次的细分或集中性营销战略。

3. 市场定位

差别化是市场定位的根本战略，具体表现在以下4个方面：

① 产品差别化战略。产品差别化战略是指从产品质量、产品款式等方面实现差别。寻求产品特征是产品差别化战略经常使用的手段。实践证明,在某些产业特别是高新技术产业,如果某一企业掌握了最尖端的技术,率先推出了具有较高价值和创新特征的产品,它就能够占据一种十分有利的竞争优势地位。

产品质量是指产品的有效性、耐用性和可靠程度等。产品质量与投资报酬之间存在着高度相关的关系,即高质量产品的盈利率高于低质量和一般质量产品的盈利率,但质量超过一定的限度时,顾客需求开始递减。显然,顾客认为过高的质量,需要支付超出其质量需求的额外的价值。

产品款式也是产品差别化的一个有效工具。

② 服务差别化战略。服务差别化战略是指向目标市场提供与竞争者不同的优异服务。企业的竞争力越能体现在顾客服务水平上,市场差别化就越容易实现。如果企业把服务要素融入产品的支撑体系,就可以在许多领域建立"进入障碍"。因为,服务差别化战略能够提高顾客总价值,保持牢固的顾客关系,从而击败竞争对手。

服务差别化战略在很多市场状况下都有用武之地,尤其在饱和的市场上。对于技术精密产品,服务差别化战略的运用更为有效。

强调服务差别化战略并没有贬低技术质量战略的重要作用。如果产品或服务中的技术占据了价值的主要部分,则技术质量战略是行之有效的。但是,竞争者之间技术差别越小,这种战略作用的空间也越小。一旦众多的厂商掌握了相似的技术,技术领先就难以在市场上有所作为。

③ 人员差别化战略。人员差别化战略是指通过聘用和培训比竞争者更为优秀的人员以获取差别优势。

④ 形象差别化战略。形象差别化战略是指在产品的核心部分与竞争者类同的情况下塑造不同的产品形象以获取差别优势。企业或产品想要成功地塑造形象,需要具有创造性的思维和设计,需要持续不断地利用企业所能利用的所有传播工具。

（二）市场竞争战略

企业的市场竞争战略会随着时间、地点、竞争者状况、自身条件和市场环境等因素的不同而变化,然而,某些基本战略原则是不会改变的,企业领导者必须把握这些不变的基本战略去适应变化的环境。

1. 创新制胜

创新制胜指企业应根据市场需求不断开发出适销对路的新产品,以赢得市场竞争的胜利。现代社会的生产能力大于市场需求,众多企业为了维持生存,开发出不胜枚举的新花色、新品种、新款式投放市场,力图得到顾客青睐。顾客需求则随着收入增加和可挑选商品的增多而增多。创新是活力的源泉,企业应当加强市场调查和预测,争取最先洞察消费需求的变化,领先研制出适合消费需求的新产品,掌握市场竞争的主动权。

2. 优质制胜

优质制胜指企业向市场提供的产品在质量上应当优于竞争对手,以赢得市场竞争的胜利。质量是产品或服务的特色和品质的总和,决定着顾客需求的满足程度。产品质量是企业竞争力的核心,企业应从自身利益和顾客利益出发,千方百计地创优质产品、创名牌产品。

3. 廉价制胜

廉价制胜指企业的同类、同档次产品应当比竞争对手的更便宜,以赢得市场竞争的胜利。市场需求是有支付能力的需求,价格是市场需求的调节器,在质量和其他条件相同或相近时,价格低廉的商品会受到顾客欢迎。价格降低虽然使单位产品的利润降低,但是会增加总销售量,扩大总利润。企业应在保证产品质量的前提下提高生产效率,降低生产成本和营销成本,为低价竞争奠定基础。

4. 技术制胜

技术制胜指企业应致力于发展高新技术,实现技术领先,以赢得市场竞争的胜利。科学技术决定着企业的生产效率、产品成本、管理水平、经济效益和顾客需求的满足程度。有能力的企业和有远见的企业家都不惜代价地研制或引进高新技术和先进设备,力争走在技术进步的前列,开发科技含量高、附加价值高的新产品,在市场竞争中占领制高点。

5. 服务制胜

服务制胜指企业提供比竞争者更完善的售前、售中和售后服务,以赢得市场竞争的胜利。销售服务决定着产品的性能能否良好发挥和顾客需求能否得到充分满足。在其他条件相同时,谁能提供更周到的服务,谁就能赢得顾客。

6. 速度制胜

速度制胜指企业应当以比竞争对手更快的速度推出新产品和新的营销战略,抢先占领市场,赢得市场竞争的胜利。谁对市场需求的反应快、技术开发快、新产品投放快,谁就能在一段时间内形成独家供应的局面,集中吸纳顾客购买力,迅速扩大市场,不但壮大了实力,还能在顾客中形成先入为主的"正宗""正牌"形象。

7. 宣传制胜

宣传制胜指企业应当运用广告、公共关系、人员推销和销售促进等方式大力宣传企业和产品,提高知名度和美誉度,树立良好形象,以赢得市场竞争的胜利。

任务五 竞争情报分析

一、基本概念

(一)信息、知识和情报

信息是物质的一种,带有普遍性的关系属性,是物质存在方式及其运动规律、特点的外在表现,是自然界、人类社会及人类思维活动中存在和发生的一切宏观和微观现象,是事物的运动状态与方式的反映。

知识是信息的一部分,是对人类社会实践经验的总结,是经人脑思维加工成为有序化的人类信息,是人的主观世界对客观世界的概括和如实反映。知识来源于信息,是对信息加工后获得的产品,人们正是通过对不同信息的获取来认识不同事物,并由此产生新的知识。

情报是知识的一部分,是人们为解决特定问题而被活化了的更为高级、更为实用的知识，是进入人类社会交流系统的运动着的知识。

具体讲，信息、知识、情报三者之间的逻辑关系可以这样表示：信息＞知识＞情报。

在当今网络信息社会，信息已成为各行各业尤其是企业借以发展的重要支柱。而以商业信息为主要对象的"竞争情报"，对于企业保持竞争优势，其作用越来越大。企业在剧烈而又残酷的竞争中，如果缺乏"竞争情报"的帮助，将处于盲目的境地。

（二）竞争情报的概念

竞争情报（Competitive Intelligence，CI），出现于 20 世纪 50 年代，崛起在 20 世纪 80 年代，以 1986 年美国竞争情报从业者协会（Society of Competitive Intelligence Professionals，SCIP）的成立为标志，是关于竞争环境、竞争对手、竞争态势和竞争策略的信息和研究，竞争情报的获取、生产和传播是通过竞争情报系统（Competitive Intelligence System，CIS）来实现的。

而今，趋于白热化的市场竞争使得企业在其战略决策的制定和实施过程中，对于与竞争环境和竞争对手相关的各类信息给予了极大关注，这种需求促成了现代专业竞争情报活动，竞争情报逐渐成为许多发达国家信息界、工商企业界及国家政府关注的热点。

竞争情报是指对组织内、外部竞争环境、竞争对手信息进行搜集、提炼和分析，从而提供决策所需情报，为竞争战略提供支持，进而提升企业竞争优势的过程。它紧紧围绕组织的竞争需求，贯穿于竞争决策的全过程。

（三）竞争情报的产生背景

竞争情报的产生、兴起日益受到人们的重视，有着重要的科技、经济、政治和社会因素，具体如下。

1. 全球经济激烈竞争

和平与发展是当代世界的主题，各国纷纷把竞争力的焦点，从战场转向市场，从军事转向经济。经济的激烈竞争，促使国际经济向区域化、集团化发展，在复杂多变的竞争环境中，作为市场竞争主体的企业，需要目标明确、针对性强、对抗性强的情报为其提供策略服务，即"竞争情报"。竞争情报在世界经济激烈竞争中应运而生，并日益成为一种重要的战略资源。

2. 海量信息的涌现

信息的"爆炸"给人类带来莫大益处，同时也带来不少弊端，造成信息的"污染"。在信息污染的环境中，企业需要及时获取真正有价值的信息，便如大海捞针般困难。因此，企业需要目标明确、针对性强、精练准确的情报，这一任务只有竞争情报可以胜任。

3. 信息技术飞速发展

通信技术、计算机技术、网络技术、多媒体技术的发展，为竞争情报的发展带来了契机，大量可用于竞争情报分析的软件多已成熟，并进入商业化，利用这些技术可以监测竞争对手的技术发展动向、市场动态及其他有关情况。信息技术的飞速发展和普遍应用，使灵活调用国际、国内信息资源，建立情报分析应用系统成为可能，为竞争情报的产生提供了技术支持，促进了竞争情报的发展。

4. 竞争情报理论的发展

竞争情报理论研究是 20 世纪 80 年代以来的新课题。20 世纪中叶以来，世界范围内的经济、技术的竞争愈演愈烈,随之而来的关于竞争理论的研究不断加强。世界上关于竞争理论研究有影响的人物首推美国哈佛大学经济学教授迈克尔·波特(Michael Porter)。他从1980年起,连续发表了3部经典性的竞争研究专著,即《竞争战略》《竞争优势》《各国的竞争优势》,在竞争领域建立了自己独特的理论体系,为竞争情报研究的出现和发展奠定了理论基础。

(四) 竞争情报的研究对象

竞争情报主要以企业的竞争对手、竞争环境为研究对象,并及时做出反应,制定战略决策,以提高企业的竞争优势。

1. 竞争环境

竞争环境是指竞争各方所处的自然环境和社会环境。企业的生存和发展与其所处的环境关系密切,对环境的关注、分析和研究是企业活动的重要内容。竞争环境是大范围、多角度、全方位的,一般包括内部环境和外部环境。内部环境主要有企业财务分析和市场营销分析等。外部环境既包括宏观上的政治、经济、科技和社会文化环境,也可以从微观上分为企业所在行业状况和竞争对手状况等。

2. 竞争对手

竞争对手是指在与本企业有共同目标的市场上,已有或可能有利害冲突的机构组织。竞争对手可以分为直接竞争对手和潜在竞争对手。分析竞争对手的核心在于确定竞争对手及竞争过程两部分。在普遍了解竞争对手的数量和分布的基础上,准确地确立调查追踪对象至关重要。确定竞争对手的数量,应根据本企业情报工作力量的强弱而定,一般不超过6个。只要抓住几个有代表性的强敌,深入细致地调查,即可把握全局。与此同时,潜在的竞争对手也不容忽视,主要是同行新建企业,以及不如自己,但正在赶超自己的竞争者。分析竞争对手的目的,是为了了解每个竞争对手的现状及其发展战略目标,评估其优势及竞争反应模式,从而制定出适合本单位发展的竞争战略。

3. 竞争战略研究

竞争战略是企业之间为在共同的市场上争取有利于自己的经济利益而采取的种种手段和方法,是指竞争者依据自身的实际情况、竞争的环境、竞争对手的现状及其采取的行动所制定或策划的、有利于自身发展的制定方案、方法或步骤。竞争战略可以从战略目标、战略步骤和战略手段等方面入手,为企业决策的制定和战略的部署提供依据,特别是涉及诸多具体问题时,竞争情报研究更要为之提供详尽具体的数据资料,将即时服务与跟踪服务结合起来。

4. 企业自身测评

企业要取得竞争的优势,就必须认清自身的实力,进行自身测评。企业自身测评,主要包括企业在市场中的地位、产品的市场占有率、产品质量、技术水平、营销策略、资金实力和人员素质等。企业要进行与对手各个项目的对比研究,从中发现各自的优势和不足,要善于运用竞争情报,结合自身情况,进行市场细分,寻找市场缝隙,确定目标市场,突出本企业的产品特色与市场形象,以增强企业的竞争能力。

(五) 竞争情报的基本特征

竞争情报属于情报这个大概念范畴,因此也具有情报的共同属性,如知识性、非物质形态、社会性、可传递性、积累性、价值性、商品性、可共享性和可重复使用性等。同时，竞争情报还具有一些自身的特性，具体包括以下几个方面。

1. 目的性

竞争情报有着非常明显的目的、目标和针对性，就是通过对竞争对手情报的搜集与分析，进行"知己知彼"的情报研究，为企业提供竞争情报服务，协助企业制定战胜竞争对手的战略策略，使企业立于不败之地。

2. 对抗性

竞争情报是在敌对的情况下了解对手和分析对手，目的是战胜对手。在技术经济和科技领域，剧烈的市场竞争决定了竞争情报的对抗性质。

3. 竞争性

竞争情报是市场竞争的产物，没有竞争就没有竞争情报。就竞争情报而言，首先要具有竞争力，能满足用户市场竞争的需要。竞争情报若不具有竞争力，将失去其存在的地位。

4. 超前性

竞争情报多供决策参考之用，决策是行动之前的活动。所以情报的提供必须在决策之前才有现实意义，过时的情报或提供情报不及时只会造成决策失误或马后炮，没有任何实际意义。

5. 高价值性

竞争情报的搜集和分析研究需要下一番功夫。竞争情报中的智慧含量远远超过一般情报，竞争情报的适用性也超过一般情报，所以，其价值自然就高于一般情报。

6. 高增值性

竞争情报的高价值是高增值的反映，高增值是高价值的基础。企业能及时获得准确适用的竞争情报，并能适时合理地运用于决策，即可在竞争中获得更大利益。

7. 谋略性

竞争情报的研究要具有战略性，这样才能发现信息的新效用，产生新的管理理念，同时在情报的搜集上又要具有广泛性、持续性和时序性，以获取有利于企业决策的竞争情报。

（六）竞争情报与相关概念的比较

1. 竞争情报与经济间谍的区别

竞争情报在我国没有被重视起来，主要是因为认识上不够，对竞争情报的理解错误，即把竞争情报当作不合法、不正当地获取信息、资料的一种手段，把竞争情报误理解为"间谍"。故在此对竞争情报与经济间谍进行比较分析，有利于正确理解和全面认识竞争情报，并有效地利用竞争情报为企业竞争服务，提高企业竞争力，获得竞争优势，避免陷入"经济间谍"的误区。

① 两者产生的社会背景不同。市场竞争的加剧和社会信息化、知识化的高度发展是竞争情报产生的重要社会背景。市场牵引和利益驱动既是竞争情报产生的催生婆，又是竞争情报蓬勃发展的原动力；而经济间谍的产生要早于竞争情报，自从有了经济活动以来经济间谍就已存在，工业革命后日益盛行，并逐渐发展成为一种产业。为了在风云突变的市场环境中取得竞争的胜利，在利益的驱使之下，一些企业和个人不惜铤而走险，钻法律和行业规范的空子，围绕商业秘密和技术秘密，企业之间展开了大量鲜为人知的秘密活动，不择手段地

获得所需信息、情报,经济间谍应运而生。

② 两者的内涵有别。竞争情报是为获取和分析公开资料的过程,即全部竞争情报活动必须是合法的、正当的,手段不正当的情报活动不属于竞争情报的范围。窃取商业秘密的经济间谍过去有,现在也有,将来仍然会有,但它属于另一种性质的情报活动(即经济间谍活动),不能扯进竞争情报中来,也不能用竞争情报的概念去覆盖它,更不能借竞争情报之名,行侵犯他人商业秘密之实,两者的界线应该分清。否则,将会有越来越多的企业卷入诉讼纷争之中,不利于他们放手大胆地开展竞争情报工作。

③ 两者的目的有差别。竞争情报的目的是通过各种正当的、合法的、有效的手段和途径了解竞争对手,并获取有关竞争对手的一切情报,为企业决策提供支持,从而使企业在竞争中赶超竞争对手,保持或获得竞争优势,并最终战胜竞争对手。从最终目的来看,企业竞争情报的运作是围绕提高企业的核心竞争力而展开的。或者说,竞争情报的目的是企业以最小的投入获得最大的产出或效益。在一定程度上来讲,竞争情报可能会出现一种"双赢"或"多赢"的局面。因而,竞争情报备受商界的欢迎。而经济间谍的目的除了达到以上竞争情报的目的之外,通常还会有一些不可告人的目的,例如,搞垮竞争对手,破坏竞争对手的正常的经济活动,改变对手的活动计划,获取暴利等。可以说,经济间谍只会出现"单赢"的结局,因为它是一种你死我活、非此即彼的残酷竞争。

④ 两者达到目的的手段不一致。竞争情报工作主要通过正当的、合法的手段和方式获取竞争对手的信息,而经济间谍主要采用不正当、非法的手段来获取竞争对手的信息,其情报获取和利用具有非法性,常常是钻法律和行业规范的空子,打"擦边球",不择手段地获取所需信息。

⑤ 两者的信息来源迥异。竞争情报的信息来源十分广泛,综合国内外常用的竞争情报信息源大约有 20 种,分别为报刊和专业杂志、行业协会出版物、产业研究报告、政府各管理机构对外公开的档案、政府出版物、数据库、工商企业名录、产品样本和手册、信息调查报告、企业招聘广告、企业内部各职能部门员工、经销商、供货商、行业会议、行业主管部门、展览会、客户、竞争对手、反求工程、专业调查咨询机构等。其中,前 10 种为公开发表的竞争情报信息源,而后 10 种为非公开发表的竞争情报信息源。无论哪种竞争情报信息源都可以通过正当的、合法的手段取得,如通过订购、复印、调查、分析、比较、索取、交换、数据检索等方式搜集获取。通过开展竞争情报活动来提高企业的核心竞争力,战胜竞争对手,已经受到全球企业界高度重视。经济间谍的信息源主要集中在受法律保护的非公开的商业秘密和技术秘密上。企业之间都不同程度地采取了一系列的反竞争情报措施及必要的反窃密措施来防止商业秘密和技术秘密的泄露。在激烈的商战中,为了取得竞争的胜利,一些机构和个人不惜一切代价,不择手段,违反行业规范、职业道德,甚至是违法来获取商业秘密与技术秘密。这种不法的、不正当的竞争手段及情报获取方式给一些企业带来了巨大的损失,也破坏了正当的经济秩序和竞争秩序。

总之,我们必须认清竞争情报的范围,将竞争情报与经济间谍划清界限,这样才能有力地保护正当的、合法的竞争情报活动,打击不正当的、非法的经济间谍活动,维持正常的竞争秩序。

2. 竞争情报与商业秘密的区别

我国政府颁布的《反不正当竞争法》明确规定:商业秘密是指不为公众所知悉,能为权利

人带来经济利益,具有实用性并经权利人采取保密措施的技术信息和经营信息。由此可以看出二者的区别有以下两点:

① 竞争情报搜集的信息都是公开的,为公众所知的;商业秘密的内容是不为公众所知悉的。

② 竞争情报搜集的信息都是持有人未加保密措施的;商业秘密的持有人应有保密的意图,并已尽力采取合理的保密措施。

3. 竞争情报与传统市场调查的区别

竞争情报和市场调查都需要获取信息,但它们有许多重要的差别。传统的市场调查的主要对象就是顾客,而竞争情报关注的范围要广泛得多,重点也有所不同。具体而言,竞争情报和市场调查的差别表现在调查对象、信息来源和调查方法等方面。竞争情报涉及的范围广泛,既包括顾客,也包括竞争对手及影响顾客和竞争对手的宏观环境,如经济、技术、政治等;市场调查的范围比较窄,一般只关注顾客。

二、竞争情报的处理方法

（一）竞争情报的搜集方法

企业之间的竞争是一场生死存亡的经济战,如果不考虑竞争对手的情况,企业所制定的战略计划就成为一纸空文。为了取得竞争优势,企业可能会不择手段地去获取竞争对手的情报,包括合法的、非法的、明的与暗的、合法与非法混用的等方法。常见的方法如下:

① 委托情报机构或专业人员,深入了解竞争对手的有关情报。

② 从对手的员工中获取情报。

③ 从与对手相关的人员中获取。

④ 搜集对手的业务文件。

⑤ 直接观察和分析对手的活动。

⑥ 从公开出版物中获取情报。

⑦ 组织和参加各种交易会、展览会、有竞争对手企业人员参加的业务会、研讨会和座谈会等。

⑧ 注意广播、电视等大众媒介对竞争对手的介绍。

⑨ 利用"高级乞丐"从垃圾堆中获取情报。

⑩ 通过友好访问搜集竞争对手的产品,并迅速拆装、化验、分析和研究。

（二）竞争情报的分析方法

情报分析就是根据特定需要,广泛搜集和积累有关文献资料,或是进行必要的市场调查,运用科学的研究方法,通过推理、判断、分析、综合、对比、演绎和归纳等逻辑思维过程或数学处理,进行研究并取得成果的一项工作。

竞争情报的分析直接关系着情报的最终质量,影响着企业的战略决策。掌握竞争情报分析方法,提高对信息的利用本领,是企业竞争情报系统建设中非常重要的一部分。

竞争对手和企业自身的分析方法如下:

1. 定标比超

市场竞争愈演愈烈,情报对企业的前途和命运起着越来越举足轻重的作用。企业的生存和发展完全由自身的战略决策、产品质量、管理水平、成本价格和营销手段决定。这就迫使企业必须关注周围的竞争环境,全面掌握市场和竞争对手的各种情报,努力发现自身的不足和缺点,不断地向竞争对手或者行业内外的一流企业学习,从而确保自己在市场竞争中的有利地位,争取赢得并保持自己的竞争优势。而定标比超正是这样一种重要且有效的竞争情报分析方法。

定标比超方法,能很好地为企业树立自己的前进目标与方向,这样才能不断向最先进的企业靠拢,并最终走向企业的成功之路。将任何本企业业务活动与从事该项活动最佳者进行比较,从而提出行动方案以弥补自身的不足。

2. 价值链分析

竞争者价值链之间的差异是竞争优势的一个关键来源。分析竞争对手的价值链,就是分析竞争对手的整个商业运作活动,从中形成对竞争对手的整体性了解,测算出竞争对手的成本,了解其竞争优势,从而制定相应的竞争战略,战胜对手。

3. 核心竞争力分析

核心竞争力分析的目的是确定竞争对手独具特色的某项价值链活动,它既能够为竞争对手创造价值,又是可持续竞争优势的源泉。核心竞争力的形成有两种途径,一种是通过掌握核心技术得到实现,另一种是通过优化企业的业务流程得到实现。因此,核心竞争力的分析就是要找到企业的核心技术或优秀的业务流程。

4. SWOT 分析

SWOT 分析法是企业竞争情报工作中最基本、最有效而简明的分析方法,是竞争情报工作人员必须掌握的方法。不管是对企业本身或是对竞争对手的分析,SWOT 分析法都能较客观地展现一种现实的竞争态势;在此基础上,指导企业竞争战略的制定、执行和检验;对总的态势有所了解后,才有利于运用各种其他分析方法对竞争对手和企业本身进行更好的分析与规划。

5. PEST 分析

PEST 分析即从政治(法律)的、经济的、社会文化的和技术的角度分析环境变化对本企业的影响。随着经济、社会和科技等诸多方面的迅速发展,特别是世界经济全球化、一体化过程的加快,全球信息网络的建立和消费需求的多样化,使企业所处的环境更为开放和动荡。这种变化几乎对所有企业都产生了深刻的影响,正因为如此,环境分析就成为一种日益重要的企业职能。

6. 五力模型

行业内竞争者的均衡程度、增长速度、固定成本比例、本行业产品或服务的差异化程度、退出壁垒等,决定了一个行业内的竞争激烈程度。

7. 专利分析

专利是竞争情报最重要的信息源之一,专利分析自然成为竞争情报中信息分析的一部分。随着全球竞争的激化,知识产权的保护日益严密,跟踪、研究、分析竞争对手的专利发明,已成为获得超越竞争对手优势的一个重要手段。

8. 财务报表分析

财务分析法是通过各种方法搜集研究对象的财务报表,分析其经营状况、融资渠道以及投资方向等情报。财务情报的搜集有一定的难度,但也有一些独特的方式,如政府有关部门、行业协会、市场调查公司、各种文献、上市公司年度报告及新闻报道等。利用财务分析能够对竞争对手的经营状况及其资金流动方向与数量等进行有效跟踪。

（三）企业竞争情报实施的一般流程

① 企业需求评估。提出明确的问题和信息需求,确定竞争情报活动的目的。

② 需求提问。根据企业需求评估的结果,提出需要解决的具体问题。

③ 制定信息搜集策略。列出组织内外现有资源的分布,并找出差距,确定信息搜集的方法、手段和目标,提高资源利用效率。

④ 信息搜集。情报人员或团队从公开信息源和非公开信息源搜集有关的原始信息。

⑤ 信息处理与存储。信息的加工、整理、组织、存储。即对原始信息进行加工,并且按照统一的数据结构进行格式转换,以保证其准确性和完整性,并对信息进行有序化处理。

⑥ 信息分析与评估。包括对信息的解释与分析,组织与综合,并对信息的质量、准确率、可信度等进行评估。如果判定搜集到的信息不足,则重复信息搜集步骤,否则转入下一步工作。

⑦ 情报产品的形成。情报人员以原始信息为基础,综合应用竞争分析方法和信息分析方法,结合分析人员的经验和知识,形成分析报告。

⑧ 情报产品的提交。情报分析人员将分析报告提交给决策机构用以辅助决策,此步骤为情报传播过程。

⑨ 竞争情报的实施。情报应用过程。在竞争情报的参与影响下进一步优化决策活动。

⑩ 情报实效评价。竞争情报活动效果评价及反馈。

三、竞争情报系统

（一）竞争情报系统的概念

竞争情报工作就是建立一个情报系统,帮助管理者评估竞争对手,以提高竞争的效率和效益。竞争情报系统(Competitive Intelligence System,CIS)也称战略信息系统,是面向企业竞争发展需要的新一代信息系统。它是从企业竞争战略的高度出发,通过充分开发和有效利用企业内外信息资源来提高企业竞争实力的信息系统,是运用现代技术支持为企业获得或维持竞争优势的信息系统。它能够对企业内部和外部竞争环境因素、事件的状态、变化的数据信息进行搜集、存储、处理和分析,并以适当的形式将分析结果(即情报信息)发布给战略管理人员的计算机系统,简称为基于计算机信息管理的竞争情报系统。

（二）竞争情报系统的功能和作用

竞争情报系统是企业为了竞争制胜的需要而设置的竞争情报搜集、加工、存储、分析、研究、管理和保障等因素相互联系的完整集合。竞争情报系统是企业的决策信息的仓库,是企业高层领导者制定战略决策的重要的参谋部。具体来说,竞争情报系统的基本功能如下。

1. 竞争环境监视

企业面临的市场环境复杂多变,企业要生存下去,就必须全面、准确地了解与本企业、本行业有关的环境信息。只有适应竞争环境的变化、及时获取行业相关的情报信息并及时做出正确的反应,制定出正确的企业战略方案,企业才能求得生存和发展。竞争情报系统可以帮助企业了解所处的行业竞争环境,及时跟踪、分析情报信息,降低对企业未来发展的影响。

2. 市场预警

企业在发展过程中,需要不断地分析市场状况,掌握市场变化,扩大市场份额,提高产品的销售规模,做好产品的市场推广及营销活动,注重消费者对产品的反馈信息,找出产品及服务的优缺点,及时调整产品的质量和服务,以确定下一步发展战略。竞争情报系统就是企业的智囊,起到市场的导向作用,商品营销的警示作用,以及做出战略决策的参谋作用。对于企业来说,市场中的任何变化都可能对企业的利益乃至生存产生重大影响。企业必须能够利用竞争情报系统及早发现预警信号,及早做出相对应的措施,避开威胁,寻求新的发展机遇。

3. 竞争对手分析

分析竞争对手的目的,是要了解竞争对手策略和战略目标,正确地评估竞争对手的优势与劣势,在充分分析的基础上制定出本企业的竞争战略。竞争情报的重点分析内容是要充分了解竞争对手。

4. 策略制定

有效的竞争策略是企业获得和维持竞争优势的先决条件,企业管理者在做出战略决策时,必须掌握充分的市场情报信息。竞争情报系统为决策提供准确的情报支持。

5. 客户分析

企业间产品差异性越来越小,竞争对手越来越多,而客户的要求也千变万化。企业必须建立核心优势,关注顾客需要,建立完善的顾客服务体系,赢得市场回报。现代企业竞争情报系统可以进行客户行为分析,及时发现企业客户的行为规律,并对其行为规律进行分析;还可以发现重点客户,包括开发新客户和保留老客户。利用企业竞争情报系统对客户行为进行分析,能够帮助营销部门完善其决策的精确性,帮助企业准确地制定市场策略和市场活动。

6. 信息安全

竞争情报是一把"双刃剑",我们可以利用竞争情报技术来分析竞争对手但同时竞争对手也可用来分析研究我们。企业既要利用竞争情报技术通过合法的行为来获取其他企业的商业情报信息,但同时也要慎重地保护本企业的商业机密,防止其他企业窃取本企业的核心机密。竞争情报系统监控了企业相关的各类情报,能够快速发现情报泄露等异常情况,利用反竞争情报技术可以有效地协助企业保护自己的情报信息。

7. 决策支持

通过对竞争环境持续系统地监测各种竞争性情报,鉴别并捕捉机遇,协助企业管理层利用机遇做出适当的决策。企业不仅要规避环境中的各种风险,而且还要利用企业环境变化提供的各种机会,促进企业的生存与发展。

项目三
模拟企业及市场竞争规则

任务一　熟悉模拟企业与市场

企业是社会经济的基本单位,企业的发展要受自身条件和外部环境的制约。企业的生存与企业间的竞争不仅要遵守国家的各项法规及行政管理规定,还要遵守行业内的各种约定。在开始模拟竞争之前,管理层必须了解并熟悉这些规则,才能做到合法经营,才能在竞争中求生存、求发展。

一、企业经营的本质

企业是指从事商品生产、流通和服务等活动,为满足社会需要和盈利,进行自主经营,自负盈亏,具有法人资格的经济组织。

经营是指企业以市场为对象,以商品生产和商品交换为手段,为了实现企业的目标,使企业的投资、生产、销售等经济活动与企业的外部环境保持动态均衡的一系列有组织的活动。

企业是一个以营利为目的的组织。企业管理的目标可概括为生存、发展、盈利。

(一) 企业生存

企业在市场上生存下来的基本条件:一是以收抵支,二是到期还债。这也从另一个角度告诉我们,如果企业出现以下 2 种情况,就将宣告破产。

1. 资不抵债

如果企业所取得的收入不足以弥补其支出,导致所有者权益为负时,企业就会破产。

2. 现金断流

如果企业的负债到期,无力偿还,债权人就会来敲门,企业就会破产。

在模拟经营中一旦破产条件成立,请指导教师裁夺。一般可能有 3 种处理方式:①如果企业盘面能让股东/债权人看到一线希望,股东可能增资,债权人可能债转股;②企业联合或兼并;③破产清算。

> 请各位小心,求发展的
> 前提是求生存,一路走好!

(二) 企业盈利

企业经营的本质是股东权益最大化,即盈利。而从利润表中的利润构成中不难看出盈利的主要途径:一是扩大销售(开源),二是控制成本(节流)。

1. 扩大销售

利润主要来自销售收入,而销售收入由销售数量和产品单价 2 个因素决定。提高销售数量有以下方式:①扩张现有市场,开拓新市场;②研发新产品;③扩建或改造生产设施,提高产能;④合理加大广告投放力度,进行品牌宣传。提高产品单价受很多因素制约,但企业可以选择单价较高的产品进行生产。

2. 控制成本

产品成本分为直接成本和间接成本。

① 降低直接成本。直接成本主要包括构成产品的原料费和人工费。在"ERP 沙盘模拟"课程中,原料费由产品的物料清单结构决定,在不考虑替代材料的情况下没有降低的空间,用不同生产线生产同一产品的加工费也是相同的,因此,产品的直接成本是固定的。

② 降低间接成本。从节约成本的角度,我们不妨把间接成本区分为投资性支出和费用性支出两类。投资性支出包括购买厂房和投资新的生产线等,这些投资是为了扩大企业的生产能力而必须发生的;费用性支出包括营销广告和贷款利息等,通过有效筹划是可以节约一部分的。

二、市场规则

企业的生存和发展离不开市场这个大环境。谁赢得市场,谁就赢得了竞争。市场是瞬息万变的,变化增加了竞争的对抗性和复杂性。

(一) 市场划分与市场准入

市场是企业进行产品营销的场所,标志着企业的销售潜力。除本地市场之外,还有区域市场、国内市场、亚洲市场和国际市场有待开发。

1. 市场开发

在进入某个市场之前,企业一般需要进行市场调研、选址办公、人员招聘、公共关系策划和市场活动策划等一系列工作。而这些工作均需要消耗资源——资金及时间。由于各个市场地理位置及地理区划不同,开发不同市场所需的时间和资金投入也不同,在市场开发完成之前,企业没有进入该市场销售的权力。

开发不同市场所需的时间和资金投入如表 3－1 所示。

表 3－1　开发不同市场所需的时间和资金投入

市　　场	开发费用/M*	开发时间/年	说　　明
本地	1	1	● 各市场开发可同时进行 ● 资金短缺时可随时中断或终止投入 ● 开发费用按开发时间平均支付,不允许加速投资 ● 市场开拓完成后,领取相应的市场准入证
区域	1	1	
国内	2	2	
亚洲	3	3	
国际	4	4	

*　M 表示百万元。

2. 市场准入

当某个市场开发完成后，该企业就取得了在该市场上经营的资格（取得相应的市场准入证），此后就可以在该市场上进行广告宣传，争取客户订单了。

（二）销售会议与订单争取

销售预测和客户订单是企业生产的依据。销售预测从商业周刊得到，对所有企业而言是公开而透明的。众所周知，客户订单的获得对企业的影响是至关重要的。

1. 销售会议

每年年初，各企业会派出优秀的营销人员参加客户订货会，投入大量的资金和人力做营销策划、广告展览、公共关系策划和客户访问等工作，以使得本企业的产品能够深入人心，争取到尽可能多的订货。

2. 市场地位

市场地位是针对每个市场而言的。企业的市场地位根据上一年度各企业的销售额排列，销售额最高的企业称为该市场的"市场领导者"，俗称"市场老大"。

3. 广告投放

广告是分市场、分产品投放的，投入 1 M 有一次选取订单的机会，以后每多投 2 M 增加一次选单机会。例如，投入 7 M 表示准备拿 4 张订单，但是否能有 4 次拿单的机会则取决于市场需求、竞争态势等；投入 2 M 准备拿 1 张订单，只是比投入 1 M 的优先拿到订单。

在竞单表中按市场、产品登记广告费用。竞单表如表 3-2 所示，这是第三年 A 组广告投放情况。

表 3-2　竞单

	本地市场广告	区域市场广告	国内市场广告	亚洲市场广告	国际市场广告
P1					
P2					
P3					
P4					

4. 客户订单

市场需求用客户订单卡片的形式表示，如图 3-1 所示。卡片上标注了市场、产品、产品数量、单价、订单价值总金额、账期和特殊要求等要素。

如果没有特别说明，普通订单可以在当年内任一季度交货。如果由于产能不够或其他原因，导致本年不能交货，企业为此应受到以下处罚：

交货时扣除该张订单总额的 20%（向上取整）作为违约金。

第六年　　　亚洲市场　　　IP4-3/3
产品数量：　3 P4
产品单价：　12 M/个
总金额：　36 M
应收账期：　4 Q*
ISO 9000　加急！！！

* Q 表示一个季度。

图 3-1　客户订单

卡片上标注有"加急!!!"字样的订单,必须在第一季度交货,延期罚款处置同上所述。因此,营销总监接单时要考虑企业的产能。当然,如果其他企业乐于合作,不排除委外加工的可能性。

订单上的账期代表客户收货时货款的交付方式。若为 0 账期,则现金付款;若为 3 账期,代表客户付给企业的是 3 个季度到期的应收账款。

如果订单上标注了 ISO 9000 或 ISO 14000,那么要求生产单位必须取得了相应认证,才能得到这张订单。

5. 订单争取

在每年一度的销售会议上,将综合企业的市场地位、广告投入、市场需求及企业间的竞争态势等因素,按规定程序领取订单。客户订单是按照市场划分的,选单次序如下:

① 由上一年该市场的市场领导者最先选择订单。

② 按每个市场单一产品广告投入量,其他企业依次选择订单:如果单一产品广告投放相同,则比较该市场两者的广告总投入;如果该市场两者的广告总投入也相同,则根据上一年市场地位决定选单次序;若上一年两者的市场地位相同,则采用非公开招标方式,由双方提出具有竞争力的竞单条件,由客户选择。

ⓘ **注意**

无论你投入多少广告费,每次你只能选择一张订单,然后等待下一次选单机会。

任务二　熟悉市场运营规则

现实生活中,企业需要遵循各项法律法规。举例来讲,仅财务中的税收一项,就包括增值税、所得税及其他税,其内容很多,在"ERP 沙盘模拟"课程中,不可能逐项细节面面俱到,只能采取相对简化的方式,抓大放小,做到简单而有效的教学。本着这个原则,我们将企业运营需要遵守的各项规定分为 6 个方面阐述。

一、厂房购买、出售与租赁

有关各厂房购买、租赁、出售的相关信息如表 3 - 3 所示。

表 3 - 3　厂房购买、出售与租赁

厂　房	买　价	租　金	售　价	容　量
大厂房	40 M	5 M/年	40 M	6 条生产线
小厂房	30 M	3 M/年	30 M	4 条生产线

提示

- 厂房可随时按购买价值出售,得到的是 4 个账期的应收账款。
- 厂房不提折旧。

二、生产线购买、转产与维修、出售

不同类型生产线的主要区别在于生产效率和灵活性不同。生产效率是指单位时间生产产品的数量;灵活性是指转产生产新产品时设备调整的难易性。有关生产线购买、转产与维修、出售的相关信息如表 3－4 所示。

表 3－4　生产线购买、转产与维修、出售

生产线类型	购买价格	安装周期	生产周期	转产周期	转产费用	维 修 费	残　值
手工生产线	5 M	无	3 Q	无	无	1 M/年	1 M
半自动生产线	10 M	2 Q	2 Q	1 Q	1 M	1 M/年	2 M
全自动生产线	15 M	3 Q	1 Q	1 Q	2 M	1 M/年	3 M
柔性生产线	20 M	4 Q	1 Q	无	无	1 M/年	4 M

说明

- 所有生产线可以生产所有产品。
- 投资新生产线时按照安装周期平均支付投资,全部投资到位后的下一周期可以领取产品标志,开始生产。资金短缺时,任何时候都可以中断投资。
- 生产线转产是指生产线转产生产其他产品,如半自动生产线原来生产 P1 产品,如果转产 P2 产品,需要改装生产线,因此需要停工一个周期,并支付 1 M 改装费用。
- 当年投资的生产线价值计入在建工程,当年不提折旧,从下一年按直线法——设备原值的 1/5 计提折旧。设备价值小于等于残值时,不计提折旧。
- 当年已售出的生产线不用支付维修费。
- 出售生产线时,如果该生产线净值＜残值,将生产线净值直接转到现金库中;如果该生产线净值＞残值,从生产线净值中取出等同于残值的部分置于现金库,将差额部分置于综合费用的其他项。

三、产品生产

产品研发完成后,可以接单生产。生产不同的产品需要的原料不同,各种产品所用到的原料及数量如图 3－2 所示。

```
P1          P2                  P3                      P4
R1        R2  R3            R1  R3  R4              R2  R3  2R4
```

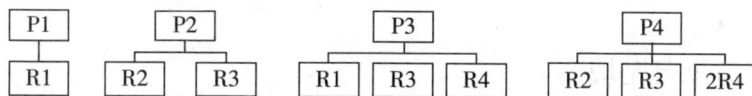

图3-2　P系列产品的物料清单结构

每条生产线只能有一个产品在线。产品上线时需要支付加工费,不同生产线的生产效率不同,但需要支付的加工费是相同的,均为1 M。

四、原材料采购

原料采购涉及两个环节:签订采购合同和按合同收料。签订采购合同时要注意采购提前期。R1、R2原料需要1个季度的采购提前期;R3、R4原料需要2个季度的采购提前期。货物到达企业时,必须照单全收,并按规定支付原料费或计入应付账款。

五、产品研发与国际认证体系

企业目前可以生产并销售P1产品。根据预测,另有技术含量依次递增的P2、P3、P4三种产品有待进一步开发。

(一)产品研发

不同技术含量的产品,需要投入的研发时间和研发投资是有区别的,如表3-5所示。

表3-5　产品研发需要投入的时间及研发费用

产　品	P1	P2	P3	P4	备注说明
研发时间	2 Q	4 Q	6 Q	6 Q	• 各产品可同步研发;按研发周期平均支付研发投资;资金不足时可随时中断或终止;全部投资完成的下一周期方可开始生产
研发投资	1M/季	1M/季	1M/季	2M/季	• 某产品研发投入完成后,可领取产品生产资格证

(二)ISO认证

随着中国加入WTO,客户的质量意识及环境意识越来越清晰。经过一定时间的市场孕育,这些潜在信息最终会反映在客户订单中。企业要进行ISO认证,需要经过一段时间并花费一定费用,如表3-6所示。

表3-6　国际认证需要投入的时间及认证费用

ISO认证体系	ISO 9000 质量认证	ISO 14000 环境认证	备注说明
持续时间	2年	2年	• 2项认证可以同时进行 • 资金短缺的情况下,投资随时可以中断
认证费用	1 M/年	2 M/年	• 认证完成后可以领取相应ISO资格证

六、融资贷款与贴现

资金是企业的血液，是企业任何经营管理活动的支撑。在"ERP 沙盘模拟"课程中，企业尚未上市，因此其融资渠道只能是银行借款、高利贷和应收账款贴现。下面对比几种融资方式，如表 3-7 所示。

表 3-7　企业可能的各项融资手段及财务费用

融资方式	规定贷款时间	最高限额	财务费用	还款约定
长期贷款	每年年末	所有长短贷之和不超过上年所有者权益的 3 倍	10%	年底付息，到期还本
短期贷款	每季度初		5%	到期一次还本付息
高利贷	任何时间	与银行协商	20%	到期一次还本付息
应收账款贴现	任何时间	根据应收账款额	12.5%（3 季、4 季） 10%（1 季、2 季）	贴现时付息

（i）提示

- 长期贷款以 10 M 为基本贷款单位，短期贷款以 20 M 为基本贷款单位。长期贷款最长期限为 5 年，短期借款及高利贷期限为一年，不足一年的按一年计息。
- 应收账款贴现随时可以进行。

ERP 沙盘模拟实战

任务一　市场分析预测

　　市场预测是各企业能够得到的关于产品市场需求的重要信息,它为企业决策提供了基础信息。市场预测包含近几年关于行业产品市场的预测资料,包括各个市场各种产品的总需求量、价格及客户对产品在技术质量方面的要求等。下面以一个 6 组竞争的市场为例,针对各个模拟市场中的预测图进行分析。

一、本地市场预测分析

　　根据图 4 - 1,本地市场将会持续发展,对低端产品的需求可能要下滑,伴随着需求的减少,低端产品的价格很有可能走低。后几年,随着高端产品的成熟,市场对 P3、P4 产品的需求将会逐渐增大。由于客户对质量的意识不断提高,后几年可能对产品的 ISO 9000 和 ISO 14000 认证有更多的需求。

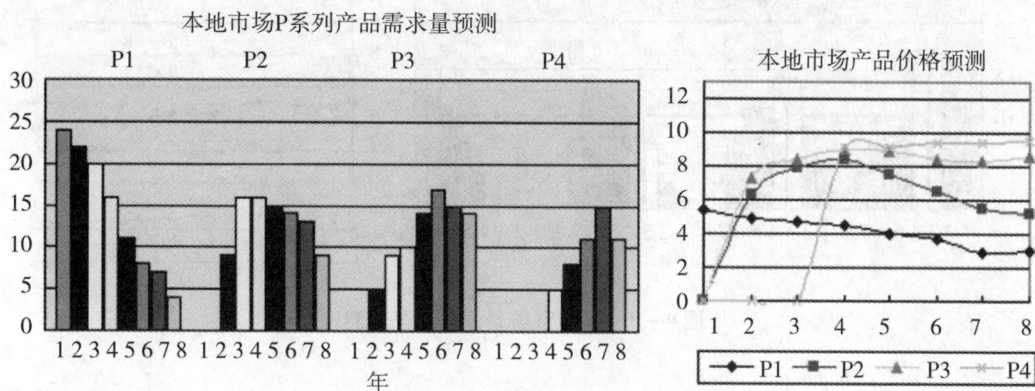

图 4 - 1　本地市场 P 系列产品预测

二、区域市场预测分析

　　根据图 4 - 2,区域市场的客户相对稳定,对 P 系列产品的需求很有可能比较平稳。因紧邻本地市场,所以产品需求量的走势可能与本地市场相似,价格趋势也应大致一样。该市场容量有限,对高端产品的需求也可能相对较小,但客户会对产品的 ISO 9000 和 ISO 14000 认证有较高的要求。

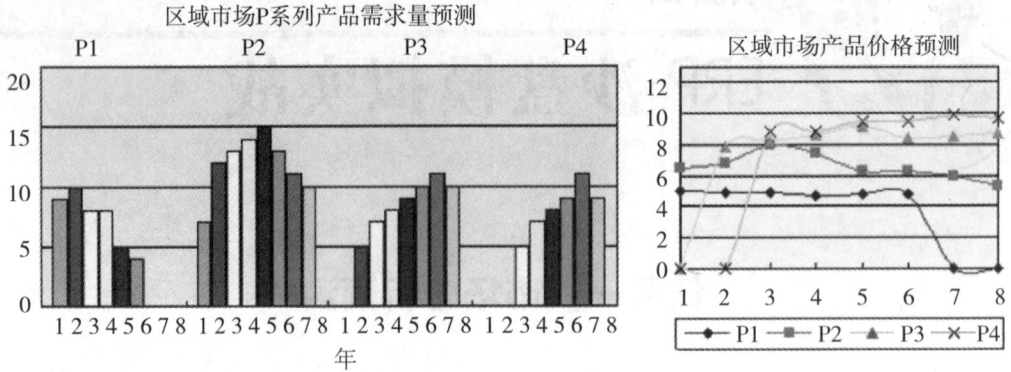

图 4-2   区域市场 P 系列产品预测

三、国内市场预测分析

根据图 4-3,因 P1 产品带有较浓的地域色彩,估计国内市场对 P1 产品不会有持久的需求。但 P2 产品因更适合国内市场,估计需求一直比较平稳。随着对 P 系列产品的逐渐认同,估计对 P3 产品的需求会较多。但对 P4 产品的需求就不一定像对 P3 产品的需求那样旺盛了。当然,对高价值的产品来说,客户一定会更注重产品的质量认证。

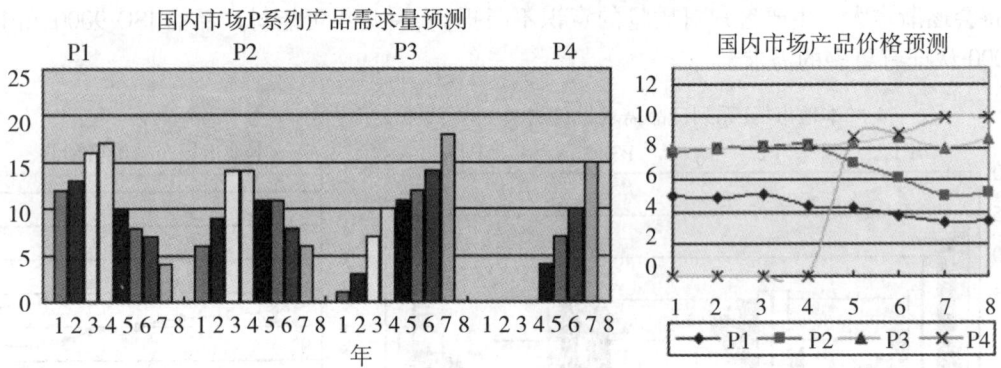

图 4-3   国内市场 P 系列产品预测

四、亚洲市场预测分析

根据图 4-4,亚洲市场一向波动较大,所以对 P1 产品的需求可能起伏较大,估计对 P2 产品的需求走势与 P1 相似。但该市场对新产品很敏感,因此估计对 P3、P4 产品的需求量会增大,价格也可能不菲。另外,这个市场的消费者很看重产品的质量,所以没有 ISO 9000 和 ISO 14000 认证的产品可能很难销售。

76

亚洲市场P系列产品需求量预测

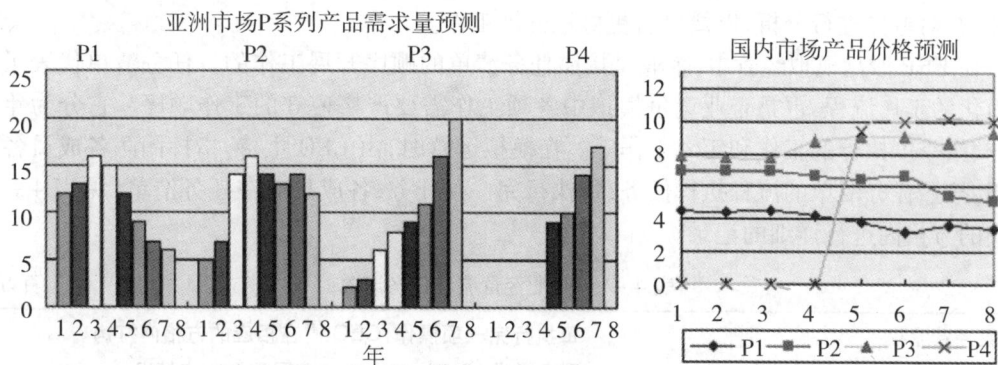

图4-4 亚洲市场 P 系列产品预测

五、国际市场预测分析

根据图4-5,P 系列产品进入国际市场可能需要一个较长的时期。有迹象表明,对 P1 产品已经有所认同,但还需要一段时间才能被市场接受。同样,对 P2、P3 和 P4 产品也会很谨慎地接受,需求发展较慢。当然,国际市场的客户也会关注具有 ISO 认证的产品。

国际市场P系列产品需求量预测

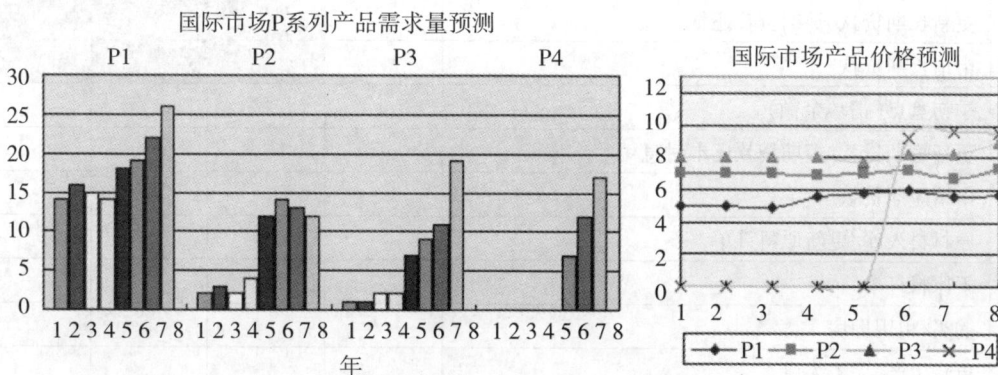

图4-5 国际市场 P 系列产品预测

任务二 熟悉模拟企业经营基本流程

企业模拟运营应当严格遵守运营规则,按照一定的运营流程进行。本书把 ERP 实物沙盘与电子沙盘的流程相统一,即手工运营的流程与电子沙盘运营的流程相一致,方便教学和学习。这里将详述手工运营操作步骤,电子沙盘严格按此流程顺序进行。虽然在电子沙盘经营过程中,许多步骤由系统自动完成,但仍需做好相应的分析和记录工作。

为了经营好企业,管理者应当做好预测、决策、预算、计划、控制、核算和分析等工作。预测、决策、预算和计划工作应当在每年经营结束后,下年运营之前进行,目的是使经营活动有序进行,防止出现意外情况。控制主要是在运营过程中,根据运营流程和事先的机会进行生产经营。核算是在经营结束后对当年的经营情况进行盘点,编制各种报表,反映当期的经营情况和年末的财务状况。分析主要是在经营结束后,根据核实的结果与预算进行比较,找出差异,并对差异进行分析,以便以后更好地开展工作。

在 ERP 沙盘模拟经营中,企业是按照任务清单的顺序开展工作的。任务清单代表了企业简化的工作流程,也是企业竞争模拟中各项工作需要严格遵守的工作顺序。它分为年初工作、按季度执行的工作和年末工作等。在模拟运营时,由 CEO 主持,指挥团队各成员各司其职,按照任务清单的流程执行任务,每执行完一项任务,各成员应在任务清单(见表4-1)对应的方格内进行详细的记录。

表4-1　企业经营流程任务清单　　　　　　　百万元

企业经营流程 请按顺序执行下列各项操作。		每执行完一项操作,CEO 需在相应的方格内打钩。 财务总监(助理)在方格中填写现金收支情况。			
年初	新年度规划会议				
	广告投放				
	参加订货会选订单/登记订单				
	制订新年度计划				
	支付应付税				
	支付长贷利息				
	更新长期贷款/长期贷款还款				
	申请长期贷款				
1	季初盘点(请填余额)				
2	更新短期贷款/短期贷款还本付息				
3	申请短期贷款				
4	原材料入库/更新原料订单				
5	下原料订单				
6	购买/租用厂房				
7	更新生产/完工入库				
8	新建/在建/转产/变卖生产线				
9	紧急采购(随时进行)				
10	开始下一批生产				
11	更新应收款/应收款收现				
12	按订单交货				
13	产品研发投资				
14	厂房出售(买转租)/退租/租转买				
15	新市场开拓/ISO 资格投资				
16	支付管理费				
17	出售库存				
18	厂房贴现				
19	应收款贴现				
20	季末收入合计				

（续表）

21	季末支出合计				
22	季末数额对账[(1)+(20)-(21)]				
年末	缴纳违约订单罚款				
	支付设备维护费				
	计提折旧				( )
	新市场/ISO资格认证投资				
	关账				

在初次接触沙盘时，往往不知道该怎样在沙盘上操作，常常出现手忙脚乱的情况。下面将结合企业运营规则，解决运营过程中的操作问题。首先介绍企业在运营过程中，为了经营好企业，年初应当做什么及怎么做；然后，按流程分别介绍在运营过程中如何进行规范的操作，防止出现由于操作失误影响结果的情况；最后，介绍年末应当做的各项工作。

任务三 模拟企业年初工作

在一年之初，企业应当谋划全年的经营，预测可能出现的问题和情况，分析可能面临的问题和困难，寻找解决问题的途径和方法，使企业未来的经营活动处于掌控之中。为此，创业年，企业应当召集各位业务主管召开新年度规划会议，初步制定企业本年度的投资规划。经营年，企业首先召集各位业务主管召开新年度规划会议，初步制定企业本年度的投资规划；接着，营销总监参加一年一度的产品订货会，竞争本年度的销售订单；最后，根据销售订单情况，调整企业本年度的投资计划，制订本年度的工作计划，开始本年度的各项工作。

一、新年度规划会议

在开始新一年的经营之前，CEO应当召集各位业务主管召开年度规划会议，根据各位主管掌握的信息和企业的实际情况，初步提出企业在新一年的各项投资规划，包括市场开拓和ISO资格认证开发、产品研发、设备投资和生产经营等规划。同时，为了能准确地在一年一度的产品订货会上争取销售订单，还应当根据规划精确地计算出企业在该年的产品完工数量，确定企业的可接订单数量。

（一）新年度全面规划

新年度规划涉及企业在新的一年如何开展各项工作的问题。通过制定新年度规划，可以使各位业务主管做到在经营过程中胸有成竹，知道自己在什么时候该干什么，可以有效预防经营过程中决策的随意性和盲目性，减少经营失误；同时，在制定新年度规划时，各业务主管已经就各项投资达成了共识，可以使各项经营活动有条不紊地进行，可以有效地提高团队的合作精神，鼓舞士气，提高团队的战斗力和向心力，使团队成员之间更加团结、协调、和谐。

新年度全面规划内容涉及企业的发展战略规划、投资规划、生产规划和资金筹集规划等。企业应当结合目前和未来的市场需求、竞争对手可能采取的策略及本企业的实际情况进行科学合理的规划。在进行规划时，企业首先应当对市场进行准确的预测，包括预测各个市场产品的需求状况和价格水平，预测竞争对手可能的目标市场和产能情况，预测各个竞争对手在新的一年的资金状况（资金的丰裕和不足将极大地影响企业的投资和生产），在此基础上，各业务主管提出年度规划的初步设想，大家就此进行论证，最后，在权衡各方利弊得失后，做出企业新年度的初步规划。企业在进行新年度规划时，可以从以下几个方面展开。

1. 市场开拓规划

企业只有开拓了市场才能在该市场销售产品。企业拥有的市场决定了企业产品的销售渠道。开拓市场投入资金会导致企业当期现金的流出，增加企业当期的开拓费用，减少当期的利润。所以，企业在制定市场开拓规划时，应当考虑当期的资金情况和所有者权益情况。只有在资金有保证，减少的利润不会对企业造成严重后果（例如，由于开拓市场增加费用而减少的利润使企业所有者权益为负数）时才能进行。在进行市场开拓规划时，企业主要应当明确以下几个问题：

① 企业的销售策略是什么？企业可能会考虑哪个市场产品价格高就进入哪个市场，或者哪个市场需求大就进入哪个市场，也可能2个因素都会考虑。企业应当根据销售策略明确需要开拓什么市场、开拓几个市场。

② 企业的目标是什么？企业应当根据销售策略和各个市场产品的需求状况、价格水平和竞争对手的情况等明确企业的目标市场。

③ 什么时候开拓目标市场？在明确了企业的目标市场后，还涉及什么时候进入目标市场的问题，企业应当结合资金状况和产品生产情况明确企业目标市场的开拓时间。

2. ISO 认证开发规划

企业只有取得 ISO 认证资格，才能在竞单时取得标有 ISO 条件的订单。不同的市场、不同的产品、不同的时期，对 ISO 认证的要求是不同的，不是所有的市场在任何时候对任何产品都有 ISO 认证要求。所以，企业应当对是否进行 ISO 认证开发进行决策。同样，要进行 ISO 认证，需要投入资金。如果企业决定进行 ISO 认证开发，也应当考虑对资金和所有者权益的影响。由于 ISO 认证开发是分期投入的，为此，在进行开发规划时，应当考虑以下几个问题：

① 开发何种认证？ISO 认证包括 ISO 9000 认证和 ISO 14000 认证。企业可以只开发其中的一种或者两种都开发。到底开发哪种，取决于企业的资金状况。

② 什么时候开发？认证开发可以配合市场按照认证要求的时间来进行。企业可以从市场预测的资料中了解市场对认证的要求情况。一般而言，时间越靠后，市场对认证的要求会越高。企业如果决定进行认证开发，在资金和所有者权益许可的情况下，可以适当提前开发。

3. 产品研发投资规划

企业在经营前期，产品品种单一，销售收入增长缓慢。企业如果要增加收入，就必须多销售产品。而要多销售产品，除了销售市场要足够大之外，还必须有多样化的产品，因为每个市场对单一产品的需求总是有限的。为此，企业需要做出是否进行新产品研发的决策。企业如果要进行新产品的研发，就需要投入资金，同样会影响当期现金流量和所有者权益。所以，企业在进行产品研发投资规划时，应当注意以下几个问题：

① 企业的产品策略是什么？由于企业可以研发的产品品种多样，企业需要做出研发哪几种产品的决策。由于资金、产能的原因，企业一般不同时研发所有的产品，而是根据市场的需求和竞争对手的情况，选择其中的一种或两种进行研发。

② 企业从什么时候开始研发哪些产品？企业决定要研发产品的品种后，需要考虑的就是什么时候开始研发及研发什么产品的问题。不同的产品可以同时研发，也可以分别研发。企业可以根据市场、资金、产能和竞争对手的情况等来确定。

4. 设备投资规划

企业生产设备的数量和质量影响产品的生产能力。企业要提高生产能力，就必须对落后的生产设备进行更新，补充现代化的生产设备。要更新设备，需要用现金支付设备款，支付的设备款记入当期的"在建工程"，设备安装完成后，增加固定资产。所以，设备投资支付的现金不影响当期的所有者权益，但会影响当期的现金流量。正是因为设备投资会影响现金流量，所以，在设备投资时，应当重点考虑资金的问题，防止出现由于资金问题而使投资中断，或者投资完成后由于没有资金不得不停工待料等的情况。企业在进行设备投资规划时，应当考虑以下几个问题：

① 新的一年，企业是否要进行设备投资？应当说，每个企业都希望扩大产能、扩充新生产线、改造落后的生产线，但是，要扩充或更新生产线涉及时机的问题。一般而言，如果资金充裕，未来市场容量大，企业就应当考虑进行设备投资，扩大产能。反之，就应当暂缓或不进行设备投资。

② 扩建或更新什么生产线？由于生产线有手工、半自动、全自动和柔性 4 种，这就涉及该选择什么生产线的问题，一般情况下，企业应当根据资金状况和生产线是否需要转产等做出决策。

③ 扩建或更新几条生产线？如果企业决定扩建或更新生产线，还涉及具体的数量问题。扩建或更新生产线的数量，一般根据企业的资金状况、厂房内生产线位置的空置数量，以及新研发产品的完工时间等来确定。

④ 什么时候扩建或更新生产线？如果不考虑其他因素，应该说生产线可以在流程规定的每个季度进行扩建或更新，但是，实际运作时，企业不得不考虑当时的资金状况、生产线完工后上线的产品品种，以及新产品研发完工的时间等因素。一般而言，如果企业研发新产品，生产线建成的时间最好与其一致（柔性和手工线除外），这样可以减少转产和空置的时间。从折旧的角度看，生产线的完工时间最好在某年的第一季度，这样可以相对减少折旧费用。

（二）确定可接订单的数量

经营年在新年度规划会议以后，企业要参加一年一度的产品订货会（创业年除外）。企业只有参加产品订货会，才能争取到当年的产品销售订单。在产品订货会上，企业要准确拿单，就必须准确计算出当年的产品完工数量，据此确定企业当年，甚至每个季度的可接订单数量。企业某年某产品可接订单数量的计算公式为：

某年某产品可接订单数量＝年初该产品的库存量＋本年该产品的完工数量

式中，年初产品的库存量可以从沙盘盘面的仓库中找到，也可以从营销总监的营运记录中找到（实际工作中从有关账簿中找到）。这里，最关键的是确定本年产品的完工数量。

完工产品数量是生产部门通过排产来确定的。在沙盘模拟企业中，生产总监根据企业现有生产线的生产能力，结合企业当期的资金状况确定产品上线时间，再根据产品的生产周期推算产品的下线时间，从而确定出每个季度、每条生产线产品的完工情况。为了准确测算产品的完工时间和数量，企业可以通过编制"产品生产计划表"来进行。当然，企业也可以根据产品上线情况同时确定原材料的需求数量，这样，两者结合，既可确定产品的完工时间和完工数量，同时又可以确定每个季度原材料的采购量。这里，我们将这两者结合的表格称为"产品生产及材料采购计划表"（格式见表 4-2）。下面，我们举例介绍该表的编制方法。

例如，企业第一年年初有手工生产线、半自动生产线和全自动生产线各一条（全部空置），产品 P1、P2 均已开发完成研发，未储备原材料。计划尽早在手工生产线上投产 P1 产品，在半自动生产线和全自动生产线上投产 P2 产品。我们可以根据各生产线的生产周期编制产品生产及材料需求计划，如表 4-2 所示，以确定完工产品的数量和下订单的时间。

表 4-2　产品生产及材料采购计划

生产线		第一年				第二年			
		第一季度	第二季度	第三季度	第四季度	第一季度	第二季度	第三季度	第四季度
手工生产线	产品		↓			P1↓			P1↓
	材料	1R1			1R1			1R1	
半自动生产线	产品		↓		↓	P2↓		P2↓	
	材料	1R3	1R2	1R3	1R2	1R3	1R2	1R3	1R2
全自动生产线	产品			↓	P2↓	P2↓	P2↓	P2↓	P2↓
	材料	1R3	1R2+1R3	1R2+1R3	1R2+1R3	1R2+1R3	1R2+1R3	1R2+1R3	1R2+1R3
完工产品	P1					1			1
	P2				1	2	1	2	1
	P3								
	P4								
材料采购	R1	1			1			1	
	R2		2	1	2	1	2	1	2
	R3	2	1	2	1	2	1	2	1
	R4								

需要注意的是，在编制"产品生产及材料采购计划表"时，企业首先应明确产品在各条生产线上的投产时间，然后根据各生产线的生产周期推算出每条生产线投产产品的完工时间；最后，将各条生产线完工产品的数量加总，得出企业在某一时期每种产品的完工数量。同样，在该表中，企业根据产品的投产数量可以推算出各种产品投产时需要投入的原材料数量，然后，将各条生产线上需要的原材料加总，可以得到企业在每个季度所需要的原材料数量。采购总监可以根据该信息确定企业需要采购什么、什么时间采购、采购多少等。

二、广告投放/参加订货会选订单/登记订单

销售产品必须有销售渠道。对于沙盘模拟企业而言,销售产品的唯一途径就是参加产品订货会,争取销售订单。参加产品订货会需要在目标市场投放广告费,只有投放了广告费,企业才有资格在该市场争取订单。

在参加订货会之前,企业需要分市场、分产品在"竞单表"上登记投放的广告费金额。"竞单表"是企业争取订单的唯一依据,也是企业当期支付广告费的依据,应当采取科学的态度,认真对待。

一般情况下,营销总监代表企业参加订货会,争取销售订单。但为了从容应对竞单过程中可能出现的各种复杂情况,企业也可由营销总监与CEO或采购总监一起参加订货会。竞单时,应当根据企业的可接订单数量选择订单,尽可能按企业的产能争取订单,使企业生产的产品在当年全部销售。应当注意的是,企业争取的订单一定不能突破企业的最大产能,否则,如果不能按期交单,将给企业带来巨大的损失。

在实际工作中,广告费一般是在广告呈现给观众或听众之前支付的。在沙盘模拟企业中,广告费是一次性支付的。所以,企业在投放广告时,应当充分考虑企业的支付能力。也就是说,投放的广告费一般不能突破企业年初未经营前现金库中的现金金额。

支付广告费时,由财务总监从现金库中取出"竞单表"中登记的广告费数额,放在综合费用的"广告费"中,并在运营任务清单对应的方格内记录支付的现金数。

为了准确掌握销售情况,科学制订本年度工作计划,企业应将参加订货会争取的销售订单进行登记。拿回订单后,财务总监和营销总监分别在任务清单的"订单登记表"中逐一对订单进行登记。为了将已经销售和尚未销售的订单进行区分,营销总监在登记订单时,只登记订单号、销售数量、账期,暂时不登记销售额、成本和毛利,当产品销售时,再进行登记。

三、制订新年度计划

企业参加订货会取得销售订单后,已经明确了当年的销售任务。企业应当根据销售订单对前期制定的新年度规划进行调整,制订新年度工作计划。新年度工作计划是企业在新的一年为了开展各项经营活动而事先进行的工作安排,它是企业执行各项任务的基本依据。新年度工作计划一般包括投资计划、生产计划、销售计划、采购计划和资金筹集计划等。在沙盘模拟企业中,当企业取得销售订单后,企业的销售任务基本明确,已经不需要制订销售计划了。这样,企业的新年度计划主要围绕生产计划、采购计划和资金筹集计划来进行。

为了使新年度计划更具有针对性和科学性,计划一般是围绕预算来制订的。预算可以将企业的经营目标分解为一系列具体的经济指标,使生产经营目标进一步具体化,并落实到企业的各个部门,这样企业的全体员工就有了共同努力的方向。在沙盘模拟企业中,通过编制预算,特别是现金预算,可以在企业经营之前预见经营过程中可能出现的现金短缺或盈余,便于企业资金的筹集和使用;同时,通过预算,可以对企业的规划及时进行调整,防止出现由于现金断流而破产的情况。

现金预算,首先需要预计现金收入和现金支出。在实际工作中,现金收入和支出只能进

行合理的预计,很难进行准确的预算。在沙盘模拟企业中,现金收入相对比较单一,主要是销售产品收到的现金,可以根据企业的销售订单和预计交单时间准确地估算。现金支出主要包括投资支出、生产支出、采购材料支出、综合费用支出和日常管理费用支出等。这些支出可以进一步分为固定支出和变动支出两部分。固定支出主要是投资支出、综合费用支出和管理费用支出等,企业可以根据规则和企业的规划准确地计算。变动支出是随产品生产数量的变化而变化的支出,主要是生产支出和材料采购支出。企业可以根据当年的生产线和销售订单情况安排生产,在此基础上通过编制"产品生产及材料采购计划表",准确地测算出每个季度投产所需要的加工费。同时,根据材料需求计划确定材料采购计划,准确地确定企业在每个季度采购材料所需的采购费用。这样,通过预计现金收入和现金支出,可以比较准确地预计企业现金的短缺或盈余。如果出现短缺,就应当想办法筹集资金,如果不能筹集资金,就必须调整规划或计划,减少现金支出。反之,如果现金有比较多的盈余,可以调整规划或计划,增加长期资产的投资,增强企业的后续发展实力。

在实际工作中,企业要准确地编制预算,首先应预计预算期产品的销售量,在此基础上编制销售预算,预计现金收入。之后,编制生产预算和费用预算,预计预算期的现金支出,最后编制现金预算。在沙盘模拟企业中,预算编制的程序与实际工作基本相同,但由于业务简化,可以采用简化的程序,即根据销售订单,先编制产品生产计划,再编制材料采购计划,最后编制现金预算。

（一）生产计划

在沙盘模拟企业中,编制生产计划的主要目的是确定产品投产的时间和投产的品种(当然也可以预计产品完工的时间),从而预计产品投产需要的加工费和原材料。生产计划主要包括产品生产与材料采购计划、开工计划和原材料需求计划等。

前面已经介绍,企业在参加订货会之前,为了准确计算下一年产品的完工数量,已经根据自己的生产线情况编制了产品生产及材料采购计划。但是,由于取得的销售订单可能与预计有差异,企业有时需要根据取得的销售订单对产品生产计划进行调整,为此,就需要重新编制该计划。然后,企业根据确定的产品生产及材料采购计划,编制开工计划和材料需求计划。

开工计划是生产总监根据产品生产及材料采购计划编制的,它将各条生产线产品投产数量按产品加总,将分散的信息集中在一起,可以直观地看出企业在每个季度投产了哪些产品、分别有多少。同时,根据产品的投产数量,能准确地确定每个季度投产产品所需要的加工费。财务总监根据该计划提供的加工费信息,作为编制现金预算的依据之一。

例如,承前例,根据产品生产及材料采购计划编制该企业的开工计划。

从表 4-2 可以看出,企业在第一年第二季度投产 1 个 P1,企业在第一年第三季度投产 2 个 P2。根据规则,每个产品上线需投入加工费 1 M,第一年第二季度需要 1 M 的加工费,第一年第三季度需要 2 M 的加工费。同样,企业根据产品投产数量可以推算出第四季度需要的加工费。该企业编制的"开工计划"如表 4-3 所示。

表4-3 开工计划

产 品	第一季度	第二季度	第三季度	第四季度
P1		1		
P2			2	1
P3				
P4				
人工费/M		1	2	1

生产产品必须有原材料,没有原材料,企业就无法进行产品生产。企业要保证材料的供应,就必须事先知道企业在什么时候需要什么材料、需要多少。企业可以根据"产品生产及材料采购计划表"编制"材料需求计划表",确定企业在每季度所需要的材料。"材料需求计划表"可以直观地反映企业在某一季度所需的原材料数量,采购总监可以据此订购所需要的原材料,保证原材料的供应。

例如,承前例,根据表4-2,生产总监编制该企业的"材料需求计划",如表4-4所示。

表4-4 材料需求计划

产 品	第一季度	第二季度	第三季度	第四季度
R1		1		
R2			2	1
R3			2	1
R4				

(二)材料采购计划

企业要保证材料的供应,必须提前订购材料。实际工作中,采购材料可能是现款采购,也可能是赊购。在沙盘模拟企业中,一般采用的是现款采购。也就是说,在订购的材料到达企业时,必须支付现金。

材料采购计划相当于实际工作中企业编制的直接材料预算,它是以生产需求计划为基础编制的。在编制材料采购计划时,主要应当注意以下3个问题。

1. 订购的数量

订购材料的目的是保证生产的需要,如果订购过多,占用了资金,会造成资金使用效率的下降;如果订购过少,则不能满足生产的需要。因此,材料的订购数量应当以既能满足生产需要,又不造成资金占用为原则,尽可能做到材料"零库存"。为此,应当根据原材料的需要量和原材料的库存数量来确定企业材料的订购数量。

2. 订购的时间

一般情况下,企业订购的材料当季不能入库,要在下一季度或下下季度才能到达企业,为此,企业在订购材料时,应当考虑材料运输途中的时间,即材料提前订货期。

3. 采购材料付款的时间和金额

采购的材料一般在入库时付款,付款的金额就是材料入库应支付的金额,如果订购了材料,就必须按期购买。当期订购的材料不需要支付现金。

企业编制材料采购计划,可以明确企业订购材料的时间,采购总监可以根据该计划订购材料,防止多订、少订、漏订材料,以保证生产的需要。同时,财务总监根据该计划可以了解企业采购材料的资金需要情况,及时纳入现金预算,保证资金的供应。

例如,承前例,根据表4-4,采购总监编制"材料采购计划表",如表4-5所示。

表4-5 材料采购计划

材　　料	第一季度		第二季度		第三季度		第四季度	
	订购	入库	订购	入库	订购	入库	订购	入库
R1	1			1				1
R2			2		1	2	2	1
R3	2		1		2	2	1	1
R4								
材料款/M				1		4		2

（三）现金预算

企业在经营过程中,常常出现现金短缺的"意外"情况,正常经营不得不中断,搞得经营者焦头烂额。其实,仔细分析会发现,这种"意外"情况的发生不外乎两方面的原因:第一,企业没有正确编制预算,导致预算与实际严重脱节;第二,企业没有严格按计划进行经营,导致实际严重脱离预算。为了合理安排和筹集资金,企业在经营之前应当根据新年度计划编制现金预算。

现金预算是有关预算的汇总,由现金收入、现金支出、现金多余或不足、资金的筹集与运用4个部分组成。现金收入部分包括期初现金余额和预算期现金收入。现金支出部分包括预算的各项现金支出。现金多余或不足是现金收入合计与现金支出的差额。差额为正,说明收入大于支出,现金有多余,可用于偿还借款或用于投资;差额为负,说明支出大于收入,现金不足,需要筹集资金或者调整规划或计划,减少现金支出。资金的筹集与运用部分是当企业现金不足或富裕时,筹集或使用的资金。

在沙盘模拟企业中,企业取得销售订单后,现金收入基本确定。企业当年的投资和生产基本确定后,企业的现金支出也基本确定。因此,企业应该能够通过编制现金预算准确地预计企业经营期的现金多余或不足,可以有效预防"意外"情况的发生。如果企业通过编制现金预算发现资金短缺,而且通过筹资仍不能解决,则应当修订企业当年的投资和经营计划,最终使企业的资金满足需要。

"现金预算表"有多种格式,可以根据实际需要自己设计。这里介绍其中一种,这种格式是根据沙盘模拟企业的经营规则设计的。下面简要举例介绍"现金预算表"的编制。

例如,承前例,编制该企业该年的"现金预算表"。

假设该企业有关现金预算资料如下。

年初现金:20 M。

上年应交税金:0。

支付广告费:8 M。

年初偿还长期贷款利息:4 M。

应收款到期:第一季度 15 M,第二季度 8 M,第三季度 8 M,第四季度 18 M。

年末支付设备维护费:3 M。

投资规划:从第一季度开始连续开发 P4 产品,开发国内和亚洲市场,同时进行 ISO 9000 和 ISO 14000 认证,从第三季度开始购买安装两季 3 条全自动生产线。

产品生产及材料采购需要的资金见表 4 - 3 和表 4 - 5。

可以根据该规划,并结合生产和材料采购计划,编制该企业的"现金预算表",如表 4 - 6 所示。

表 4 - 6　现金预算　　　　　　　　　　　　　　　　百万元

项　目	第一季度	第二季度	第三季度	第四季度
期初库存现金	20	18	23	7
市场广告投入	8			
支付上年应交税				
支付长期贷款利息	4			
偿还到期的长期贷款				
支付短期贷款利息				
支付到期短期贷款本金及利息				
支付原材料采购现金			4	3
支付购买厂房款/支付租金				
支付生产线投资			15	15
支付转产费用				
支付产品加工费	2		2	2
收到现金前的所有支出	14	0	21	20
应收款到期收到现金	15	8	8	18
支付产品研发投资	2	2	2	2
支付管理费用	1	1	1	1
支付设备维护费用				3
支付市场开拓投资				2
支付 ISO 认证投资				2
其他				
现金收入合计	15	8	8	18
现金支出合计	17	3	24	30
现金多余或不足(-)	18	23	7	-5
向银行贷款				20
贴现收到现金				
期末现金余额	18	23	7	15

从表 4-6 可以看出，企业在第一、二、三季度收到现金前的支付都小于或等于期初的现金，而且期末现金都大于 0，说明现金能满足需要。第三季度末，企业现金余额为 7 M，也就是说，第四季度期初库存现金为 7 M，但是，第四季度在收到现金前的现金支出为 20 M，小于可使用的资金，这样，企业必须在第三或第四季度初筹集资金。因为企业可以在每季度初借入短期借款，所以，企业应当在第四季度初借入 20 M 短期借款。

综上所述，企业为了合理地组织和安排生产，在年初首先应当编制产品生产及材料采购计划，明确企业在计划期内根据产能所能生产的产品数量。营销总监可以根据年初库存的产品数量和计划的年度完工产品数量确定可接订单数量，并根据确定的可接订单数量参加产品订货会。订货会结束后，企业根据确定的计划年度产品销售数量安排生产。为了保证材料的供应，生产总监根据确定的生产计划编制材料需求计划，采购总监根据生产总监编制的材料需求计划编制材料采购计划。财务总监根据企业规划确定的费用预算、生产预算和材料需求编制现金预算，明确企业在计划期内资金的使用和筹集。企业年初计划的制订流程如图 4-6 所示。

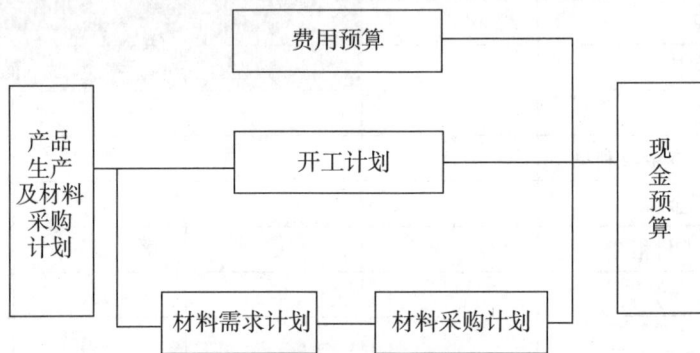

图 4-6 新年度计划制订流程

四、支付应付税

依法纳税是每个公民应尽的义务。企业在年初应支付上年应交的税金。企业按照上年资产负债表中"应交税金"项目的数值缴纳税金。缴纳税金时，财务总监从现金库中拿出相应现金放在沙盘"综合费用"的"税金"处，并在任务清单对应的方格内记录现金的减少数。

五、支付长贷利息/更新长期贷款/长期贷款还贷/申请长期贷款

企业为了发展，可能需要借入长期贷款。长期贷款主要是用于长期资产投资，如购买生产线和产品研发等。在沙盘模拟企业中，长期贷款只能在每年年初进行，贷款期限在一年以上，每年年初付息一次，到期还本。本年借入的长期贷款下年初支付利息。

（一）财务总监工作内容

1. 支付利息

根据企业已经借入的长期借款计算本年应支付的利息，之后，从现金库中取出相应的利

息放置在"综合费用"的"利息"处。

2. 更新长期借款

将长期借款往现金库推进一格,表示偿还期的缩短。如果长期借款已经被推至现金库中,表示长期借款到期,应持相应的现金和"贷款登记表"到"交易"处归还该借款。

3. 申请长期贷款

持上年报表和"贷款申请表"到"交易"处,经"交易"处审核后发放贷款。收到贷款后,将现金放进现金库中;同时,放一个空桶在长期贷款对应的账期处,空桶内写一张注明贷款金额、账期和贷款时间的长期贷款凭条。如果长期贷款续贷,则财务总监应持上年报表和"贷款申请表"到"交易"处办理续贷手续。之后,同样放一个空桶在长期贷款对应的账期处,空桶内写一张注明贷款金额、账期和贷款时间的凭条。

4. 记录

在任务清单对应的方格内登记因支付利息、归还本金导致的现金减少数,以及借入长期贷款增加的现金数。

(二) CEO工作内容

在监督财务总监完成以上操作后,在任务清单对应的方格内打"√"。

任务四　模拟企业四季运营

制订新年度计划后,企业就可以按照运营规则和工作计划进行经营了。沙盘模拟企业日常运营应当按照一定的流程来进行,这个流程就是任务清单。任务清单反映了企业在运行过程中的先后顺序,必须按照这个顺序进行。

为了对沙盘模拟企业的日常运营有一个详细的了解,下面按照任务清单的顺序,对日常运营过程中的操作要点进行介绍。

一、季初盘点

为了保证账实相符,企业应当定期对企业的资产进行盘点。在沙盘模拟企业中,企业的资产主要包括现金、应收账款、原材料、在产品、产成品等流动资产,以及在建工程、生产线、厂房等固定资产。盘点主要采用实地盘点法,即对沙盘盘面的资产逐一清点,确定出实有数,然后将任务清单上记录的余额与其核对,最终确定出余额。

盘点时,CEO指挥、监督团队成员各司其职,认真进行。如果盘点的余额与账面数一致,各成员就将结果准确无误地填写在任务清单的对应位置。季初余额等于上一季度末余额,由于上一季度末刚盘点完毕,所以可以直接根据上季度的季末余额填入。

① 财务总监:根据上季度末的现金余额填写本季度初的现金余额。第一季度现金账面余额的计算公式:季初现金余额 = 上季末库存现金 − 支付的本年广告费 − 支付上年应交的税金 − 支付长期贷款利息 − 偿还到期的长期贷款 + 其他收到的现金。

② 采购总监:根据上季度末库存原材料数填写本季度初库存原材料。

③ 生产总监：根据上季度末库存在产品数量填写本季度初在产品数量。

④ 销售总监：根据上季度末产品数量填写本季度初产成品数量。

⑤ CEO：在监督各成员正确完成以上操作后，在任务清单对应的方格内打"√"。

二、更新短期贷款/短期贷款还本付息/申请短期贷款

企业要发展，资金是保证。在经营过程中，如果缺乏资金，正常的经营可能都无法进行，更谈不上扩大生产和进行无形资产投资了。如果企业的经营活动正常，从长远发展的角度来看，应适度举债，"借鸡生蛋"。

在沙盘模拟企业中，企业筹集资金的方式主要是长期贷款和短期贷款。长期贷款主要是用于长期资产投资，如购买生产线、产品研发等，短期贷款主要解决流动资金不足的问题，两者应结合起来使用。短期贷款的借入、利息的支付和本金的归还都是在每个季度初进行的。其余时间要筹集资金，只能采取其他的方式，不能借入短期贷款。

（一）财务总监工作内容

1. 更新短期贷款

将短期贷款往现金库方向推进一格，表示短期贷款离还款时间更近。如果短期贷款已经推进现金库，则表示该贷款到期，应还本付息。

2. 还本付息

财务总监从现金库中拿出利息放在沙盘"综合费用"的"利息"处；拿出相当于应归还贷款本金的现金到"交易"处偿还短期贷款。

3. 申请短期贷款

如果企业需要借入短期贷款，则财务总监填写"公司贷款申请表"到"交易"处借款。短期贷款借入后，放置一个空桶在短期贷款的第四账期处，在空桶内放置一张借入该短期贷款信息的纸条，并将现金放在现金库中。

4. 记录

在"公司贷款登记表"上登记归还的本金金额；在任务清单对应的方格内记录偿还的本金、支付利息的现金减少数；登记借入短期贷款增加的现金数。

（二）CEO 工作内容

在监督财务总监正确完成以上操作后，在任务清单对应的方格内打"√"。

三、原材料入库/更新原料订单

企业只有在前期订购了原材料，并在"交易"处登记了原材料采购数量，才能购买原材料。每个季度，企业应将沙盘中的"原材料订单"向原材料仓库推进一格，表示更新原料订单。如果原材料订单本期已经推到原材料库，表示原材料已经到达企业，企业应验收入库材料，并支付相应的材料款。

（一）采购总监工作内容

1. 购买原材料

持现金和"采购登记表"在"交易"处买回原材料后，放在沙盘对应的原材料库中。

2. 记录

在"采购登记表"中登记购买的原材料数量，同时在任务清单对应的方格内登记入库的原材料数量。如果企业订购的原材料尚未到期，则采购总监在任务清单对应的方格内打"√"。

（二）财务总监工作内容

1. 付材料款

从现金库中拿出购买原材料需要的现金交给采购总监。

2. 记录

在运营任务清单对应的方格内填上现金的减少数。

（三）CEO工作内容

在监督财务总监和采购总监正确完成以上操作后，在任务清单对应的方格内打"√"。

原材料采购入库程序如图4-7所示。

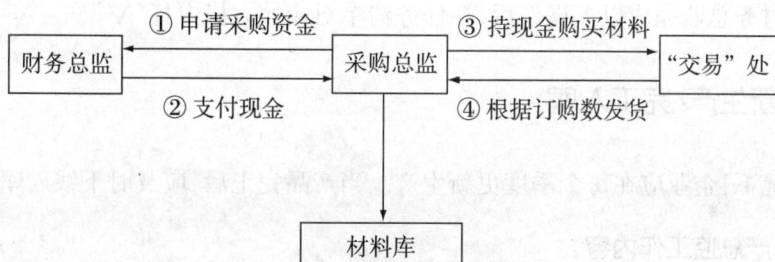

图4-7 原材料采购入库程序

四、下原料订单

企业在订购前须在"交易"处下原料订单，没有下订单不能购买。下原料订单不需要支付现金。

（一）采购总监工作内容

1. 下原料订单

在"采购登记表"上登记订购的原材料品种和数量，在"交易"处办理订货手续：将从"交易"处取得的原材料采购订单放在沙盘的"原材料订单"处。

2. 记录

在任务清单对应的方格内记录订单的原材料数量。

（二）CEO 工作内容

在监督采购总监正确完成以上操作后，在任务清单对应的方格内打"√"。

五、购买/租用厂房

企业要生产产品，必须有厂房。厂房可以购买，也可以租用。年末，企业如果在使用没有购买的厂房，则必须支付租金；如果不支付租金，则必须购买。

（一）财务总监工作内容

1. 购买厂房

从现金库中取出购买厂房的现金放在厂房的"价值"处。

2. 支付租金

从现金库中取出现金放在"综合费用"的"租金"处。

3. 记录

在任务清单对应的方格内登记支付租金或购买厂房减少的现金数。

（二）CEO 工作内容

在监督财务总监完成以上操作后，在任务清单对应的方格内打"√"。

六、更新生产/完工入库

一般情况下，企业应在每个季度更新生产。当产品完工后，应及时下线入库。

（一）生产总监工作内容

1. 更新生产

将生产线上的在制品向前推一格。如果产品已经推到生产线以外，表示产品完工下线，将该产品放在产品库对应的位置。

2. 记录

在任务清单对应的方格内记录完工产品的数量。如果产品没有完工，则在运营任务清单对应的方格内打"√"。

（二）CEO 工作内容

在监督生产总监正确完成以上操作后，在任务清单对应的方格内打"√"。

七、新建/在建/转产/变卖生产线

企业要提高产能，必须对生产线进行改造，包括新购、变卖和转产等。新购的生产线安置在厂房空置的生产线位置，如果没有空置的位置，必须先变卖生产线。变卖生产线主要是出于战略的考虑,如手工生产线换成全自动生产线等。如果生产线要转产,应当考虑转产周期和转产费。

(一) 新建/在建生产线

1. 生产总监工作内容

① 领取标志,将标志翻转放置在某厂房空置的生产线位置,并在标志上面放置与该生产线安装周期数相同的空桶,代表安装周期。

② 支付安装费。每个季度向财务总监申请建设资金,放置在其中的一个空桶内,每个空桶内都放置了建设资金,表明费用全部支付完毕,生产线在下一季度建设完成。在全部投资完成后的下一季度,将生产线标志翻转过来,领取产品标志,可以投入使用。

生产线投资程序如图 4 - 8 所示。

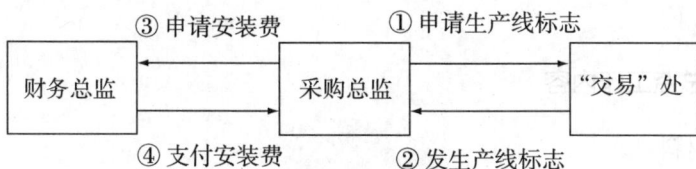

图 4 - 8 生产线投资程序

2. 财务总监工作内容

① 支付生产线建设费。从现金库取出现金交给生产总监用于生产线的投资。

② 记录。在任务清单对应的方格内填上现金的减少数。

(二) 生产线转产

1. 生产总监工作内容

① 更换标志。持原产品标志在交易处更换新的产品标志,并将新的产品生产标志反扣在生产线的"产品标志"处,待该生产线转产期满可以生产产品时,再将该产品标志正面放置在"标志"处。

② 支付转产费。如果转产需要支付转产费,还应向财务总监申请转产费,将转产费放在"综合费用"的"转产费"处。

③ 记录。正确完成以上全部操作步骤后,在任务清单对应的方格内打"√"。

2. 财务总监工作内容

① 支付转产费。如果转产需要转产费,将现金交给生产总监。

② 记录。在任务清单对应的方格内登记支付转产费而导致的现金减少数。

3. CEO 工作内容

在监督生产总监和财务总监正确完成以上操作后,在任务清单对应的方格内打"√"。

(三) 变卖生产线

1. 生产总监工作内容

① 变卖。生产线只能按残值变卖。变卖时,将生产线及其产品生产标志交还给"交易"处,并将生产线的净值从"价值"处取出,将等同于变卖的生产线的残值部分交给财务总监,

相当于变卖收到的现金。

② 净值与残值差额的处理。如果生产线净值大于残值，则将净值大于残值的差额部分放在"综合费用"的"其他"处，表示出售生产线的净损失。

2. 财务总监工作内容

① 收现金。将变卖生产线收到的现金放在现金库中。

② 记录。在任务清单对应的方格内记录现金的增加数。

八、开始下一批生产

企业如果有闲置的生产线，应尽量安排生产。因为闲置的生产线仍然需要支付设备维护费、计提折旧，企业只有生产产品，并将这些产品销售出去，这些固定费用才能得到弥补。

操作要点如下。

（一）生产总监工作内容

1. 领用原材料

从采购总监处申请领取生产产品需要的原材料。

2. 加工费

从财务总监处申请取得生产产品需要的加工费。

3. 上线生产

将生产产品所需要的原材料和加工费放置在生产线中（一个桶代表一个产品），表示开始投入产品生产。

4. 记录

在任务清单对应的方格内登记投产产品数量。

（二）财务总监工作内容

1. 支付现金

审核生产总监提出的产品加工费申请后，将现金交给生产总监。

2. 记录

在任务清单对应的方格内登记现金的减少数。

（三）采购总监工作内容

1. 发放原材料

根据生产总监的申请，发放生产产品所需要的原材料。

2. 记录

在任务清单对应的方格内登记生产领用原材料导致原材料的减少数。

（四）CEO 工作内容

在监督生产总监、财务总监和采购总监正确完成以上操作后，在任务清单对应的方格内打"√"。

九、更新应收款/应收款收现

在沙盘模拟企业中,企业销售产品一般收到的是"欠条"——应收款。每个季度,企业应将应收款向现金库方向推进一格,表示应收款账期的减少。当应收款被推进现金库时,表示应收款到期,企业应持应收款凭条到"交易"处领取现金。

(一) 财务总监工作内容

1. 更新应收款

将应收款往现金库方向推进一格。当应收款推进现金库时,表示应收款到期。

2. 应收款收现

如果应收款到期,持"应收款登记表"、任务清单和应收款凭条到"交易"处领回相应现金。

3. 记录

在任务清单对应的方格内登记应收款到期收到的现金数。

(二) CEO 工作内容

在监督财务总监正确完成以上操作后,在任务清单对应的方格内打"√"。

十、按订单交货

企业只有将产品销售出去才能实现收入,也才能收回垫支的成本。产品生产出来后,企业应按销售订单交货。

操作要点如下。

(一) 营销总监工作内容

1. 销售

销售产品前,首先在"订单登记表"中登记销售订单的销售额,计算出销售成本和毛利之后,将销售订单和相应数量的产品拿到"交易"处销售。销售后,将收到的应收款凭条或现金交给财务总监。

2. 记录

在完成以上操作后,在任务清单对应的方格内打"√"。

(二) 财务总监工作内容

1. 收到销货款

将取得的现金放进现金库。

2. 记录

在任务清单对应的方格内登记现金的增加数。

（三）CEO 工作内容

在监督营销总监和财务总监正确完成以上操作后，在任务清单对应的方格内打"√"。

十一、产品研发投资

企业要研发新产品，必须投入研发费用。每个季度的研发费用在季末一次性支付。当新产品研发完成，企业在下一季度可以投入生产。

（一）营销总监

1. 研发投资

企业如果需要研发新产品，则从财务总监处申请取得研发所需要的现金，放置在产品研发对应位置的空桶内。如果产品研发投资完成，则从"交易"处领取相应产品的生产资格证放置在"生产资格"处。企业取得生产资格后，从下一季度开始，可以生产该产品。

2. 记录

在任务清单对应的方格内打"√"。

（二）财务总监工作内容

1. 支付研发费用

根据营销总监提出的申请，审核后，用现金支付。

2. 记录

如果支付了研发费，则在任务清单对应的方格内登记现金的减少数。

（三）CEO 工作内容

在监督营销总监和财务总监完成以上操作后，在任务清单对应的方格内打"√"。

十二、支付管理费

企业在生产经营过程中会发生诸如办公费和人员工资等管理费用。在沙盘模拟企业中，行政管理费在每个季度末一次性支付 1 M，无论企业经营情况如何、业务量多少，都是固定不变的，这是与实际工作的差异之处。

（一）财务总监工作内容

1. 支付管理费

每个季度从现金库中取出 1 M 现金放置在综合费用的"管理费"处。

2. 记录

在完成以上操作后，在任务清单对应的方格内打"√"。

（二）CEO 工作内容

在监督财务总监正确完成以上操作后，在任务清单对应的方格内打"√"。

任务五 模拟企业年末工作

日常经营活动结束后,年末,企业还应当进行年末账项的计算和结转,编制各种报表,计算当年的经营成果,反映当前的财务状况,并对当年的经营情况进行分析、总结。

一、支付设备维护费

设备在使用过程中会发生磨损,要保证设备正常运转,就需要进行维护。设备维护会发生如材料费、人工费等维护费用。在沙盘模拟企业中,只有生产线需要支付维护费。年末,只要有生产线,无论是否生产,都应支付维护费。尚未安装完工的生产线不支付维护费。设备维护费每年年末用现金一次性集中支付。

(一)财务总监工作内容

1. 支付维护费

根据期末现有完工的生产线支付设备维护费。支付设备维护费时,从现金库中取出现金放在"综合费用"的"维护费"处。

2. 记录

在任务清单对应的方格内登记现金的减少数。

(二)CEO 工作内容

在监督财务总监完成以上操作后,在任务清单对应的方格内打"√"。

二、计提折旧

固定资产在使用过程中会发生损耗,导致价值降低,因此应对固定资产计提折旧。在沙盘模拟企业中,固定资产计提折旧的时间、范围和方法可以与实际工作一致,也可以采用简化的方法。本教材中采用了简化的处理方法,与实际工作中有一些差异。这些差异主要表现在:折旧在每年年末计提一次,计提折旧的范围仅仅限于生产线,折旧的方法采用直线法取整计算;在会计处理上,折旧费全部作为当期的期间费用,没有计入产品成本。

(一)财务总监工作内容

1. 计提折旧

根据规则对生产线计提折旧。本教材采用的折旧规则是平均年限法。具体计提数额参照表 4-7。

表 4-7　生产线计提折旧

生产线	购置费	残　值	建成第一年	建成第二年	建成第三年	建成第四年	建成第五年
手工线	5 M	1 M	0	1 M	1 M	1 M	1 M
半自动	10 M	2 M	0	2 M	2 M	2 M	2 M
自动线	15 M	3 M	0	3 M	3 M	3 M	3 M
柔性线	20 M	4 M	0	4 M	4 M	4 M	4 M

当年建成生产线不计提折旧，当净值等于残值时生产线不再计提折旧，但可以继续使用。

计提折旧时，根据计算的折旧额从生产线的"价值"处取出相应的金额放置在"综合费用"旁的"折旧"处。

2. 记录

在任务清单对应的方格内登记折旧的金额。

> **ⓘ 注意**
>
> 在计算现金支出时，折旧不能计算在内，因为这里并没有减少现金。

（二）CEO 工作内容

在监督财务总监完成以上操作后，在任务清单对应的方格内打"√"。

三、新市场开拓/ISO 资格认证投资

企业要扩大产品的销路必须开发新市场。不同的市场开拓所需要的时间和费用是不相同的。同时，有的市场对产品有 ISO 资格认证要求，企业需要进行 ISO 资格认证投资。在沙盘模拟企业中，每年开拓市场和 ISO 资格认证的费用在年末一次性支付，计入当期的综合费用。

（一）营销总监

1. 新市场开拓

从财务总监处申请开拓市场所需要的现金，放置在所开拓市场对应的位置。当市场开拓完成，年末持开拓市场费用到"交易"处领取"市场准入"标志，放置在对应市场的位置上。

2. ISO 资格认证投资

从财务总监处申请 ISO 资格认证所需要的现金，放置在 ISO 资格认证对应的位置。当认证完成，年末持认证投资的费用到"交易"处领取"ISO 资格认证"标志，放置在沙盘对应的位置。

3. 记录

进行了市场开拓或 ISO 认证投资后，在任务清单对应的方格内打"√"。

（二）财务总监工作内容

1. 支付费用

根据营销总监的申请，审核后，将市场开拓和 ISO 资格认证所需要的现金支付给营销总监。

2. 记录

在任务清单对应的方格内记录现金的减少数。

（三）CEO 工作内容

在监督营销总监和财务总监完成以上操作后，在任务清单对应的方格内打"√"。

四、关账

一年经营结束，年终要进行一次"盘点"，一经关账，本年度的经营也就结束了。本年度所有的经营数据不能随意更改。关账后，在任务清单对应的方格内打"√"。

五、反思与总结

经营结束后，CEO 应召集团队成员对当年的经营情况进行分析，分析决策的成功与失误，分析经营的得与失，分析实际与计划的偏差及其原因等。

企业经营评价

企业评价是揭示企业内在价值和提供创造价值途径的行为,因而企业评价有明显的导向性。几年经营下来,大家一定都很关注自己的业绩。本项目主要从市场角度、财务角度和综合绩效评估 3 个方面对企业进行评价。

任务一　市场占有率分析

谁拥有市场,谁就拥有主动权。市场的获得又与各企业的市场分析与营销计划相关。营销策划在"ERP 沙盘模拟"课程中集中体现在广告费用的投放上,因此从广告投入产出分析和市场占有率分析 2 个方面可以部分地评价企业的营销策略。

一、广告投入产出分析

广告投入产出分析是评价广告投入收益率的指标,其计算公式如下:

$$广告投入产出比 = 订单销售额 \div 广告投入$$

广告投入产出分析用来比较各企业在广告投入上的差异。这个指标告诉经营者:本公司与竞争对手之间在广告投入策略上的差距,以警示营销总监深入分析市场和竞争对手,寻求节约成本、策略取胜的突破口。

如图 5-1 所示,比较第一年 A~F 六个企业的广告投入产出比,从中可以看出,E 企业每 1 M 的广告投入为它带来 3.2 M 的销售收入,因此广告投入产出比胜过其他企业。

第一年广告投入产出比

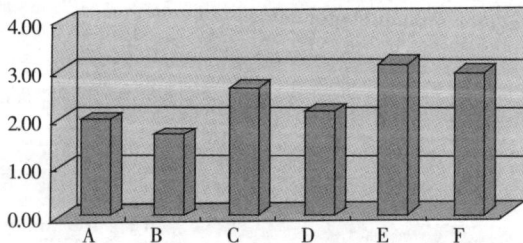

图 5-1　第一年各企业广告投入产出比

如图 5-2 所示,展示了各企业 6 年的累计广告产出比,从中可以看出,经过 6 年的经营,A 企业在分析市场、制订营销计划上已经有了长足的进步,其广告投入产出比已经遥遥领先于其他企业。

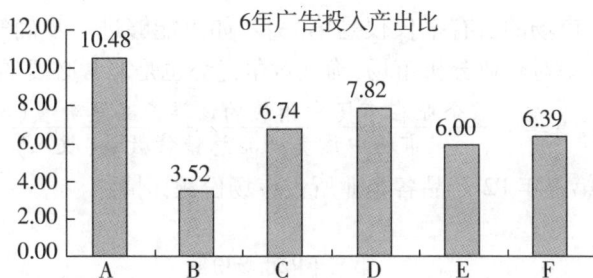

图5-2　6年各企业累计广告投入产出比

二、市场占有率分析

市场占有率是企业能力的一种体现,企业只有拥有了市场才有获得更多收益的机会。

市场占有率指标可以按销售数量统计,也可以按销售收入统计,这2个指标综合评定了企业在市场中销售产品的能力和获取利润的能力。市场占用率分析可以在2个方向上展开:一是横向分析,二是纵向分析。横向分析是对同一期间各企业市场占有率的数据进行对比,用以确定某企业在本年度的市场地位;纵向分析是对同一企业不同年度市场占有率的数据进行对比,由此可以看到企业历年来市场占有率的变化,这也从侧面反映了企业成长的历程。

(一)综合市场占有率分析

综合市场占有率是指某企业在某个市场上全部产品的销售数量(收入)与该市场全部企业全部产品的销售数量(收入)之比。如图5-3所示,在该市场中A企业因为拥有最大的市场份额而成为市场领导者。

$$某市场某企业的综合市场占有率 = \frac{该企业在该市场上全部产品的销售数量(收入)}{全部企业在该市场上各类产品总销售数量(收入)} \times 100\%$$

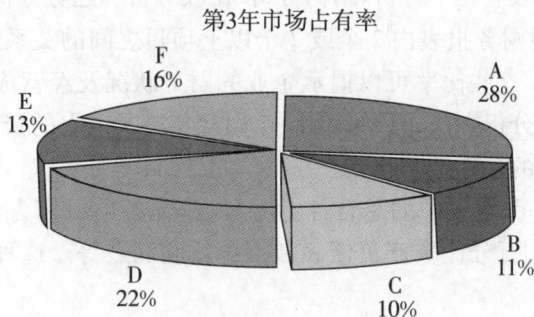

图5-3　综合市场占有率分析

（二）产品市场占有率分析

了解企业在各个市场的占有率仅仅是第一步,如果能够进一步确知企业生产的各类产品在各个市场的占有率对企业分析市场,确立竞争优势也是非常必要的。

$$某产品市场占有率 = \frac{该企业在市场中销售的该类产品总数量（收入）}{市场中该类产品总销售数量（收入）} \times 100\%$$

图 5-4 显示了第三年 P2 产品各企业所占市场份额详情。

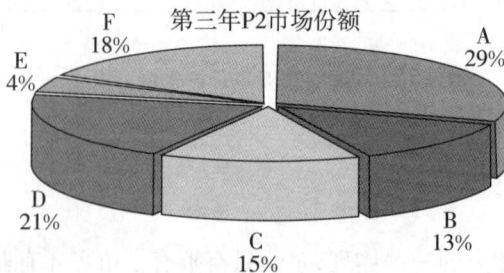

图 5-4　产品市场占有率分析

任务二　通过财务看经营

不同企业经营成果的差异是由决策引起的,而决策需要以准确、集成的数据为支撑。财务是企业全局信息的集合地,是数据的主要提供者。财务提供的分析数据可以通过各种决策指导企业各项业务的开展。

一、财务分析的基本方法

财务分析的方法一般有比率分析、结构分析、比较分析和趋势分析。

① 比率分析法是对财务报表内 2 个或 2 个以上项目之间的关系进行分析,它用相对数表示,又称为财务比率。这些比率可以揭示企业的财务状况及经营成果。比率分析是一种简单、方便、广泛应用的分析方法,只要具有一个财政年度及以上的资产负债表和利润表,就能完整地分析一家公司的基本经营状况。

② 结构分析是把一张报表中的总合计为分母,其他各项目作为分子,以求出每一项目在总合计中的百分比,如百分比资产负债表和百分比利润表等。这种分析的作用是要发现异常项目。

③ 比较分析是将本期报表数据与本企业预算、标杆企业或行业平均水平做对比,以找出实际与预算的差异或与先进企业的差距。比较分析的作用是要发现企业自身的问题。

④ 趋势分析是将 3 个年度以上的数据,就相同的项目,做多年度高低走向的观察,以判断企业的发展趋势。

二、五力分析

近年来,人们常用五力分析来综合评价一个企业,五力包括收益力、成长力、安定力、活动力和生产力5个方面。如果企业的上述5项能力处于优良水平,就说明企业的业绩优良。财务上讲求定量分析,用数字说话,下面把五力分析具体到可以量化的指标。

(一)收益力

收益力表明企业是否具有盈利的能力。收益力可以从4个指标入手进行定量分析,它们是毛利率、销售利润率、总资产收益率和净资产收益率。

1. 毛利率

毛利率是经常使用的一个指标。在"ERP沙盘模拟"课程中,它的计算公式如下:

$$毛利率 = (销售收入 - 直接成本) ÷ 销售收入$$

毛利率说明了什么问题呢?理论上讲,毛利率说明了每1元销售收入所产生的利润。更进一步思考,毛利率是获利的初步指标,但利润表反映的是企业所有产品的整体毛利率,不能反映每个产品对整体毛利的贡献,因此还应该按产品计算毛利率。

2. 销售利润率

销售利润率是毛利率的延伸,是毛利减掉综合费用后的剩余与销售收入的比值。在"ERP沙盘模拟"课程中,它的计算公式如下:

$$销售利润率 = 折旧前利润 ÷ 销售收入 = (毛利 - 综合费用) ÷ 销售收入$$

本指标代表了主营业务的实际利润,反映企业主业经营的好坏。2个企业可能在毛利率一样的情况下,最终的销售利润率不同,原因就是3项费用不同的结果。

3. 总资产收益率

总资产收益率是反映企业资产的盈利能力的指标,它包含了财务杠杆概念的指标,计算公式如下:

$$总资产收益率 = 息税前利润 ÷ 资产合计$$

4. 净资产收益率

净资产收益率反映投资者投入资金的最终获利能力,它的计算公式如下:

$$净资产收益率 = 净利润 ÷ 所有者权益合计$$

这项指标是投资者最关心的指标之一,也是公司的总经理向公司董事会年终交卷时关注的指标。但它涉及企业对负债的运用。根据负债的多少可以将经营者分为激进型或保守型。

负债与净资产收益率的关系是显而易见的。在总资产收益率相同时,负债的比率对净资产收益率有着放大或缩小的作用。例如,有A、B两家公司,总资产相同,负债不同,假定负债年利率为10%,所得税税率为30%,比较计算相关指标如表5-1所示。

表5-1 总资产收益率相同、负债不同的2个企业相关指标计算对比　　百万元

企 业	总资产	息税前利润	总资产收益率	负 债	所有者权益	净利润	净资产收益率
A	100	20	20%	60	40	9.8	24.5%
B	100	20	20%	40	60	11.2	18.7%

（二）成长力

成长力表示企业是否具有成长的潜力，即持续盈利能力。

成长力指标由 3 个反映企业经营成果增长变化的指标组成：销售收入成长率、利润成长率和净资产成长率。

1. 销售收入成长率

这是衡量产品销售收入增长的比率指标，以衡量经营业绩的提高程度，指标值越高越好。它的计算公式如下：

$$销售收入成长率 = （本期销售收入 - 上期销售收入）÷ 上期销售收入$$

2. 利润成长率

这是衡量利润增长的比率指标，以衡量经营效果的提高程度，指标值越高越好。它的计算公式如下：

$$利润成长率 = ［本期（利息前）利润 - 上期（利息前）利润］÷ 上期（利息前）利润$$

3. 净资产成长率

这是衡量净资产增长的比率指标，以衡量股东权益提高的程度。对于投资者来说，这个指标是非常重要的，它反映了净资产的增长速度，它的计算公式如下：

$$净资产成长率 = （本期净资产 - 上期净资产）÷ 上期净资产$$

（三）安定力

安定力是衡量企业财务状况是否稳定，会不会有财务危机的指标，由 4 个指标构成：流动比率、速动比率、固定资产长期适配率和资产负债率。

1. 流动比率

流动比率的计算公式如下：

$$流动比率 = 流动资产 ÷ 流动负债$$

这个指标体现企业偿还短期债务的能力。流动资产越多，短期债务越少，则流动比率越大，企业的短期偿债能力越强。一般情况下，运营周期、流动资产中的应收账款数额和存货的周转速度是影响流动比率的主要因素。

2. 速动比率

速动比率比流动比率更能体现企业的偿还短期债务的能力。它的计算公式如下：

$$速动比率 = 速动资产 ÷ 流动负债$$

$$= （流动资产 - 在制品 - 产成品 - 原材料）÷ 流动负债$$

从公式中可以看出，在流动资产中，尚包括变现速度较慢且可能已贬值的存货，因此将流动资产扣除存货再与流动负债对比，以衡量企业的短期偿债能力。一般低于 1 的速动比率通常被认为是短期偿债能力偏低。影响速动比率的可信性的重要因素是应收账款的变现能力，账面上的应收账款不一定都能变现，也不一定非常可靠。

3. 固定资产长期适配率

固定资产长期适配率的计算公式如下：

$$固定资产长期适配率 = 固定资产 ÷ （长期负债 + 所有者权益）$$

这个指标应该小于 1，说明固定资产的构建应该使用还债压力较小的长期贷款和股东权益,这是因为固定资产建设周期长,且固化的资产不能马上变现。如果用短期贷款来构建固定资产,由于短期内不能实现产品销售而带来现金回笼,势必造成还款压力。

4. 资产负债率

资产负债率是反映债权人提供的资本占全部资本的比例,该指标也被称为负债经营比率。它的计算公式如下:

$$资产负债率 = 负债 \div 资产$$

负债比率越大,企业面临的财务风险越大,获取利润的能力也越强。如果企业资金不足,依靠欠债维持,导致资产负债率特别高,偿债风险就应该特别注意了。资产负债率在60%~70%,是比较合理、稳健的;当达到85%及以上时,则发出预警信号,企业应非常关注。

资产负债率指标不是绝对指标,需要根据企业本身的条件和市场情况判定。

(四)活动力

活动力是从企业资产的管理能力方面对企业的经营业绩进行评价,主要包括4个指标:应收账款周转率、存货周转率、固定资产周转率和总资产周转率。

1. 应收账款周转率(周转次数)

应收账款周转率是在指定的分析期间内应收账款转为现金的平均次数,指标越高越好。它的计算公式如下:

$$应收账款周转率(周转次数) = 当期销售净额 \div 当期平均应收账款$$
$$= 当期销售净额 \div [(期初存货余额 + 期末存货余额) \div 2]$$

应收账款周转率越高,说明其收回越快;反之,说明营运资金过多滞留在应收账款上,影响正常资金周转及偿债能力。

周转率可以以年为单位计算,也可以以季、月、周计算。

2. 存货周转率

这是反映存货周转快慢的指标,它的计算公式如下:

$$存货周转率 = 当期销售成本 \div 当期平均存货$$
$$= 当期销售成本 \div [(期初存货 + 期末存货) \div 2]$$

从指标本身来说,销售成本越大,说明因为销售而转出的产品越多。销售利润率固定时,赚的利润就越多。库存越小,周转率越大。

这个指标可以反映企业采购、库存、生产和销售的衔接程度。衔接得好,原材料适合生产的需要,没有过量的原料,产成品(商品)适合销售的需要,没有积压。

3. 固定资产周转率

固定资产周转率的计算公式如下:

$$固定资产周转率 = 当期销售净额 \div 当期平均固定资产$$
$$= 当期销售净额 \div [(期初固定资产余额 + 期末固定资产余额) \div 2]$$

如果是制造业和交通运输业,要计算固定资产周转率。这项指标的含义是固定资产占用的资金参加了几次经营周转,赚了几次钱,用以评价固定资产的利用效率,即产能是否充分发挥。资产周转率越高,企业资金周转越快,赚钱的速度越快,赚的钱就越多。

4. 总资产周转率

总资产周转率指标用于衡量企业运用资产赚取利润的能力。经常和反映盈利能力的指

标一起使用,来全面评价企业的盈利能力。它的计算公式如下:

$$总资产周转率 = 当期销售收入 ÷ 当期平均总资产$$

$$= 销售收入 ÷ [(期初资产总额 + 期末资产总额) ÷ 2]$$

该项指标反映总资产的周转速度,周转越快,说明销售能力越强。企业可以采用薄利多销的方法,加速资产周转,带来利润绝对额的增加。

（五）生产力

生产力是衡量人力资源产出能力的指标。通过计算人均利润和人均销售来衡量收入。

① 人均利润指标衡量人力投入与利润之间的关系。指标数值越大越好,它的计算公式如下:

$$人均利润 = 当期利润总额 ÷ 当期平均职工人数$$

$$= 当期利润总额 ÷ [(期初职工人数 + 期末职工人数) ÷ 2]$$

② 人均销售收入指标衡量人力投入与销售收入之间的关系。指标数值越大越好,它的计算公式如下:

$$人均销售收入 = 当期销售净额 ÷ 当期平均职工人数$$

$$= 当期销售净额 ÷ [(期初职工人数 + 期末职工人数) ÷ 2]$$

生产力指标旨在说明,企业规模扩大,员工数量增加,增加的这些员工生产是否有效率。

（六）经营业绩的综合评价

经营业绩的综合评价主要目的是与行业或特定的对手相比,发现自己的差距,以便在日后的经营中加以改进。在模拟训练中,一般参加训练的多个公司是同一个行业,所进行的分析可以理解为同行业中的对比分析,以发现自己公司与行业的平均水平之间的差别。

计算出了企业的各项经营比率后,各项单个的数据给人的印象是散乱的,无法判断企业整体的经营在同行业中处于一种什么样的位置。而通过图表可以清晰地反映出数据的各种特征,雷达图是专门用来进行多指标体系分析的专业图表。

雷达图通常由一组坐标轴和3个同心圆构成。每个坐标轴代表一个指标。同心圆中最小的圆表示最差水平或是平均水平的1/2;中间的圆表示标准水平或是平均水平;最大的圆表示最佳水平或是平均水平的1.5倍。其中中间的圆与外圆之间的区域称为标准区,如图5-5所示。

在雷达图上,企业的各项经营指标比率分别标在相应的坐标轴上,并用线段连接将各坐标轴上的点连接起来。图中坐标1值为行业的平均值,如果某项指标位于平均线以内,说明该指标有待改进。而对于接近甚至低于最

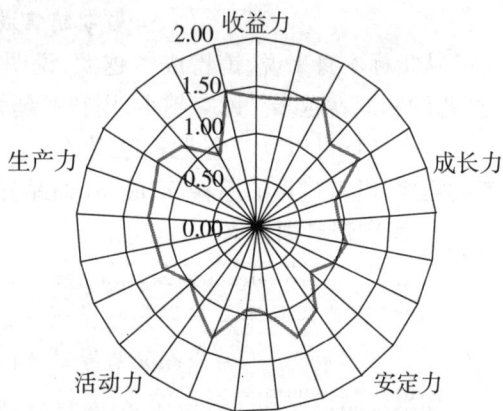

图5-5 企业能力雷达图

小圆的指标,则是危险信号,应分析原因,抓紧改进。如果某项指标高于平均线,说明该企业在相应方面具有优势。各种指标越接近外圆越好。

三、成本结构变化分析

企业经营的本质是获取利润,获取利润的途径是扩大销售或降低成本。企业成本由多项费用要素构成,了解各项费用要素在总体成本中所占的比例,分析成本结构,从比例较高的那些费用支出项入手,是控制费用的有效方法。

在"ERP沙盘模拟"课程中,从销售收入中扣除直接成本、综合费用、折旧和利息后得到税前利润。明确各项费用在销售收入中的比例,可以清晰地指明工作方向。其计算公式如下:

$$费用比例 = 费用 \div 销售收入$$

如果将各费用比例相加,再与1相比,则可以看出总费用占销售的比例,如果超过1,则说明支出大于收入,企业亏损,并可以直观地看出亏损的程度,如图5-6所示。

第一年费用占销售比例

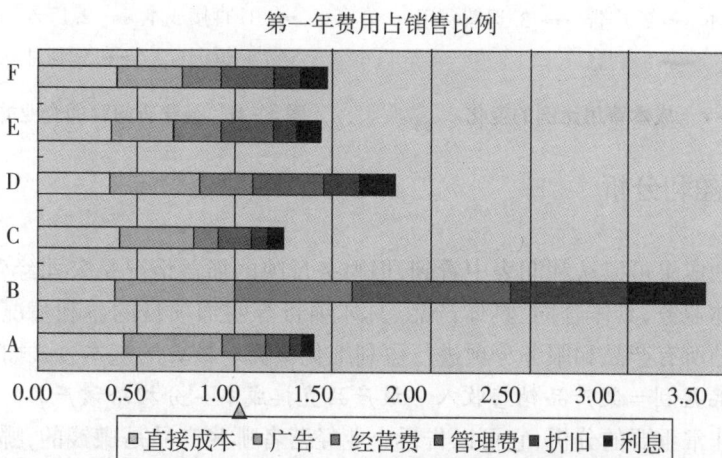

图5-6　各企业第一年费用占销售比例

提示

经营费由经常性费用组成,即扣除开发费用之外的所有经营性支出。计算公式如下:

$$经营费 = 设备维修费 + 场地租金 + 转产费 + 其他费用$$

如果将企业各年成本费用变化情况进行综合分析,就可以通过比例变化透视企业的经营状况,如图5-7所示。

企业经营是持续性的活动,由于资源的消耗和补充是缓慢进行的,所以单从某一时间点上很难评价一个企业经营的好坏。例如,广告费用占销售的比例,单以一个时点来评价,无法评价好坏。但在一个时点上,可以将这个指标同其他同类企业对比,评价该企业在同类企业中的优劣。在企业经营过程中,很可能由于在某一时点出现了问题,而直接或间接地影响了企业未来的经营活动,正所谓"千里之堤,溃于蚁穴",所以不能轻视经营活动中的每一个时点的指标状况。那么,如何通过每一时点的指标数据发现经营活动中的问题,从而引起我们的警惕呢？在这里，给出一个警示信号，这就是比例变化信号。从图 5-7 可以看到，第一年和第二年的各项费用比率指标均有很大的变化，这说明企业经营遇到了问题，经营的环境正在发生变化，这个信号提醒管理者要格外注意各种变化情况，及时调整经营战略和策略。在以后的年份中，各种费用的比例比较平稳，没有突变的情况，说明企业运营得比较正常。

图 5-8 所示的企业，其费用指标变化较大，实际上这个公司的经营一直是有问题的。

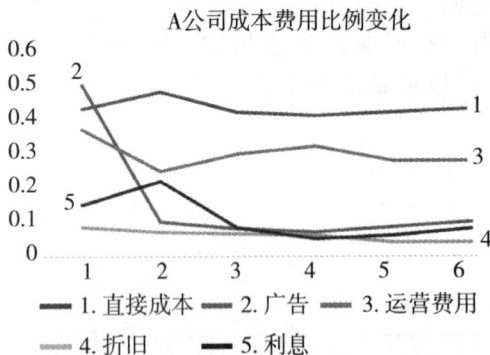

图 5-7　成本费用比例的变化

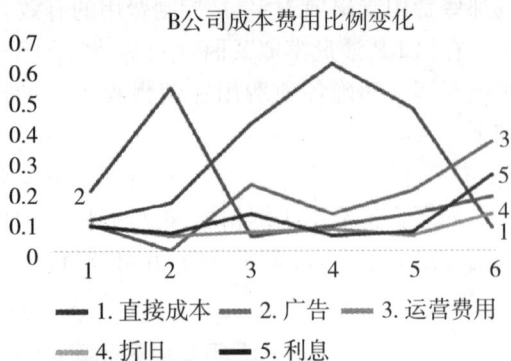

图 5-8　经营有问题的企业的成本比例变化

四、产品盈利分析

企业经营的成果可以从利润表中看到，但财务反映的损益情况是公司经营的综合情况，并没有反映具体业务、具体合同、具体产品、具体项目等明细项目的盈利情况。盈利分析就是对企业销售的所有产品和服务分项进行盈利细化核算。核算的基本公式如下：

单产品盈利 = 某产品销售收入 - 该产品直接成本 - 分摊给该产品的费用

这是一项非常重要的分析，它可以告诉企业经营者哪些产品是赚钱的，哪些产品是不赚钱的。

在这个公式中，分摊费用是指不能够直接认定到产品（服务）上的间接费用，如广告费、管理费、维修费、租金和开发费等，都不能直接认定到某一个产品（服务）上，需要在当年的产品中进行分摊。分摊费用的方法有许多，传统的方法有按收入比例、按成本比例等进行分摊，这些传统的方法多是一些不精确的方法，很难谈到合理。本教材中的费用分摊是按照产品数量进行的分摊，即

某类产品分摊的费用 = 分摊费用 ÷ 各类产品销售数量总和 × 某类产品销售的数量

按照这样的计算方法得出各类产品的分摊费用，根据盈利分析公式，计算出各类产品的贡献利润，再用利润率来表示对整个公司的利润贡献度，即

$$\frac{某类产品的贡献利润}{该类产品的销售收入} = \frac{某类产品的销售收入 - 直接成本 - 分摊给该类产品的分摊费用}{该类产品的销售收入}$$

其结果为如图 5-9 所示的产品贡献利润和如图 5-10 所示的产品利润率。

尽管分摊的方法有一定的偏差，但分析的结果可以说明哪些产品是赚钱的，是值得企业大力发展的，哪些产品赚得少或根本不赚钱。企业的经营者可以对这些产品进行更加仔细的分析，以确定企业发展的方向。

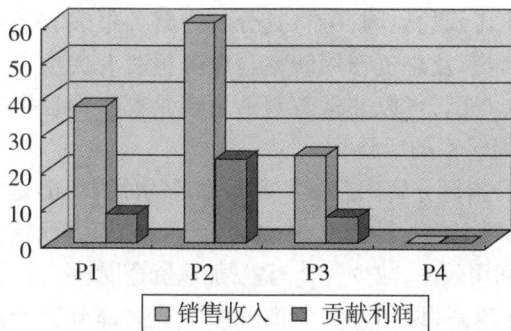

图5-9　产品贡献利润

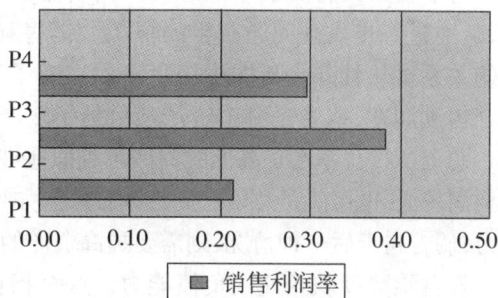

图5-10　产品利润率

五、杜邦分析——挖掘影响利润原因的工具

财务管理是企业经营管理的核心之一,而如何实现股东财富最大化或公司价值最大化是财务管理的中心目标。任何一个公司的生存与发展都依赖于该公司能否创造价值。公司的每一个成员都负有实现企业价值最大化的责任。出于向投资者(股东)揭示经营成果和提高经营管理水平的需要,他们需要一套实用、有效的财务指标体系,以便据此评价和判断企业的经营绩效、经营风险、财务状况、获利能力和经营成果。杜邦财务分析体系就是一种比较实用的财务比率分析体系。这种分析方法最早由美国杜邦公司使用,故名杜邦分析法。

杜邦分析法利用几种主要的财务比率之间的关系来综合地分析企业的财务状况,用来评价公司盈利能力和股东权益回报水平。它的基本思想是将企业净资产收益率(ROE)逐级分解为多项财务比率的乘积,这样有助于深入分析和比较企业经营业绩。

如图5-11所示,杜邦分析图解告诉我们,净资产收益率是杜邦分析的核心指标,这是因为,任何一个投资人投资某一特定企业,其目的都在于希望该企业能给他带来更多的回报。因此,投资人最关心这个指标,同时,这个指标也是企业管理者制定各项财务决策的重要参考依据。通过杜邦分析,将影响这个指标的3个因素从幕后推向前台,使我们能够目睹它们的庐山真面目。所以在分析净资产收益率时,就应该从构成该指标的3个因素分析入手。

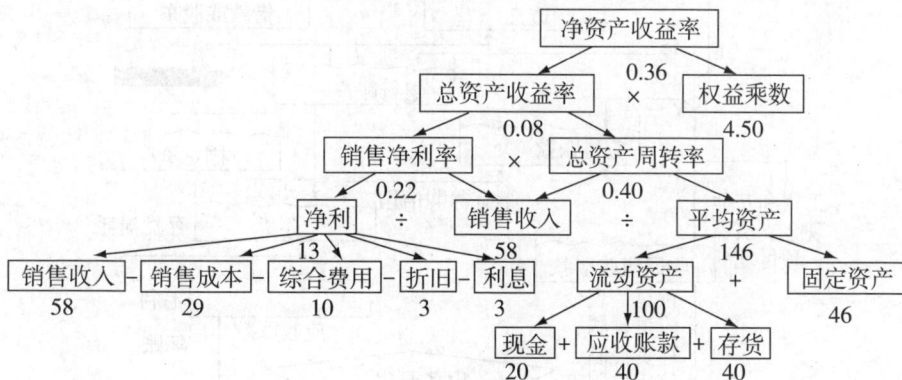

图5-11　杜邦分析图解

为了找出销售利润率及总资产周转率水平高低的原因,可将其分解为财务报表有关项目,从而进一步发现问题产生的根源。销售利润率及总资产周转率与财务报表有关项目之间的关系可从杜邦分析图中一目了然。有了这张图,可以非常直观地发现是哪些项目影响了销售利润率,或者是哪个资产项目扯了资产周转率的后腿。

总资产收益率水平高低的原因可类似地进行指标分解。总资产收益率低的原因可能是销售利润较低,也可能是总资产周转率较低。如果属于前一种情况,则需要在开源节流方面挖掘潜力;倘若属于后一种情况,则需要提高资产的利用效率,减少资金闲置,加速资金周转。

权益乘数反映企业的负债能力。这个指标越高,说明企业资产总额中的大部分资产是通过负债形成的,这样的企业将会面临较高的财务风险。这个指标低,则说明企业的财务政策比较稳健,较少负债,风险也小,但获得超额收益的机会也不会很多。

杜邦分析既涉及企业获利能力方面的指标(净资产收益率、销售利润率),又涉及营运能力方面的指标(总资产周转率),同时还涉及举债能力指标(权益乘数),可以说杜邦分析法是一个三足鼎立的财务分析方法。

六、资金周转分析——筹集资金的依据

财务管理的目标主要与筹资管理、流动性管理及风险管理有关,其目标如下:
① 确保满足企业预期经营规模的资金需求。
② 保持充分的流动性。
③ 将信用风险、外汇风险及利率风险控制在可接受的范围内。
④ 利用过剩的现金进行投资为企业盈利。

所有这些均与现金流量相关。现金流对企业来说至关重要。企业为了生存,必须获取现金以便支付各种商品和服务的开销。理解公司现金如何循环,不仅对老板非常重要,对职员也一样。即使在非常小的公司里,如果想使其他资产占用的现金最小化,老板也需要职员的配合。图5-12以工程师的语言表明了公司如何使用现金,现金循环就像水流过水箱系统,部分依靠重力,部分依靠水泵。

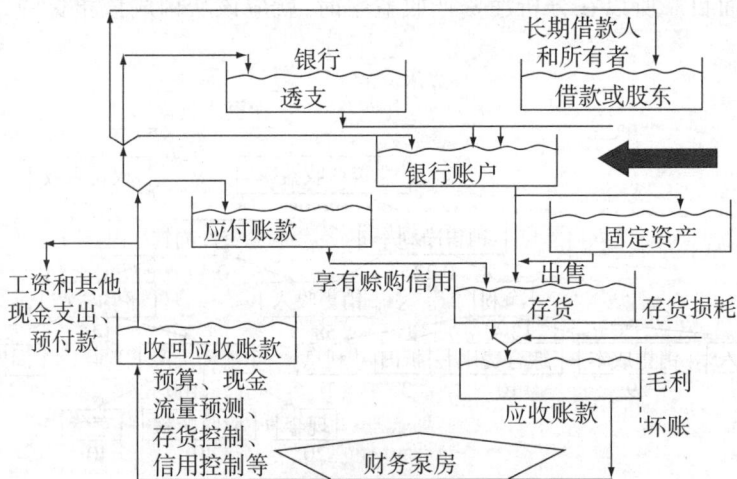

图5-12 水箱式现金循环图

从图 5 - 12 中可以看出如下问题：

① 现金来源于何处。在公司经营初期，所有者向公司投入股本，银行也向公司提供贷款或透支额度。现金流入银行账户，所有的钱都在银行账户中，不可能来源于其他地方。

② 重力流。花钱非常容易。现金从银行账户流出，就如同打开龙头一样，流向固定资产和存货。一些现金由于存货的浪费而丧失。其他一小部分现金将在出售资产时收回。

也许在毫无准备的情况下，现金已经被赊销收入（应收账款）占用了。如果应收账款得不到回收而形成了坏账，也会导致现金漏出。每一个"水箱"吸收多少现金取决于如何经营公司。

③ 毛利。销售成本是指花费在生产产品或提供服务方面的现金。销售成本加上毛利就得出资产负债表中的应收账款。毛利只增加了应收账款，并没有增加公司实际持有的现金。

④ 泵房收回现金。当现金流通过财务控制泵房时，现金开始流回公司。泵房的动力来源于预算、现金流量预测和存货控制等。

⑤ 应收账款收回现金。现金流在收回应收账款水箱临时停留。该水箱强调：只有应收账款收回时，销售收入才能变成现金。该水箱的现金将用于费用支出和填满其他水箱。

⑥ 应付账款。如果你有规律地向供应商付款，应付账款将持续为存货提供融资。但是来源于应收账款的现金一旦中断，该水箱就会因为债权人撤销信用而很快枯竭。

⑦ 银行账户。最后，银行账户水箱被补充，共有 3 个供应来源：留存收益、所有者的资本、银行透支或其他贷款。

如果所有者和银行有能力而且愿意继续向公司提供额外的资金，银行和所有者水箱会得到定期补充。这些资金主要用于满足因通货膨胀造成的存货价格上涨等，对于公司扩张的需要则不予考虑。

⑧ 不正常的情况。某一水箱超额占用现金会削弱他处的现金供应。由于公司的现金供应是有限的，某一水箱超额占用现金都会抽干其他水箱的现金，造成现金短缺。超额占用现金的原因可能是支出决策控制不力或无法收回应收账款。

七、资金使用效果分析——资金利用的优劣评判

现金循环与交易循环是相关联的。在制造企业中，交易循环始于原材料购买，在经过生产和产品入库后，最后结束于产品的销售。现金循环则与之相对应，从付款购买原材料开始，到从客户手中收款后结束。在零售企业中，交易循环始于购买用于再销售的商品，结束于商品销售。尽管一些零售商可以在销售商品后再支付购货款，但现金循环还是应从付款开始，到收取商品销售收入时结束。在大多数企业中，交易循环是从向外部供应商购买货物开始的，而现金循环则是从向供应商付款开始的。然而，仍存在许多不是支付给供应商的付款，如支付给雇员的工资薪金、日常管理费用（支付的租金、利息、电话费、咨询费和广告费等）等。在这些项目中，也存在着现金循环，因为在支付费用和取得销售收入之间有一定的时间间隔。

现金循环如图 5 - 13 所示。

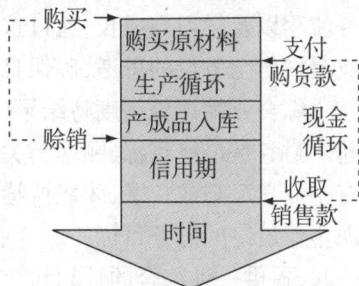

图 5 - 13　现金循环

现金管理要解决的问题：一是尽快取得现金收入并缩短现金循环的周期；二是保证有足够的现金来偿还到期的支出款项并且妥善利用销售收入。

任务三　企业综合评价

在日常生活中，人们往往习惯于用财务指标去衡量一个企业的业绩表现，但财务指标是一种滞后的指标，不能指示出企业的未来；并且会导致企业管理人员严重短视，阻碍对未来发展的投资，使公司丧失可持续发展能力。

一、企业决胜

在"ERP 沙盘模拟"课程中，企业评价如何接近企业的真实价值，并且反映企业未来的发展和成长性，需要集中体现在总成绩计算算法中。在综合考虑各方面因素的基础上，定义了企业决胜的算法如下：

$$总成绩 = 所有者权益 \times (1 + 企业综合发展潜力 \div 100)$$

企业综合发展潜力要综合考虑企业目前的资产状况、产品研发水平、市场，以及所取得的认证资格等。

二、平衡计分卡

传统的基于财务报表的业绩评价制度，大多数离不开对财务指标的分析。虽然它们有助于认识企业的控制能力、获利能力、偿债能力和成长能力，但它们只能发现问题而不能提供解决问题的思路，只能做出评价而难以改善企业的状况。在现代市场竞争环境下，各种不确定因素对企业前景有着众多影响，仅仅对一些财务指标进行分析，已经难以满足企业经营管理的需要。为了使企业能够应对顾客、竞争和变化，对企业经营业绩的评价必须突破单一的财务指标，采用包括财务指标和非财务指标相结合的多元化指标体系。由此，引发了对企业综合业绩评价制度的强势需求。

综合业绩评价制度平衡计分卡（The Balanced ScoreCard，BSC）是罗伯特·卡普兰（Robert Kaplan）和戴维·诺顿（Iavid Norton）等人从 1990 年开始进行的一个实地研究项目，目前已经在美国很多企业、政府和军事机构中得到应用。平衡计分卡包括 4 个方面：财务、客户、业务流程以及学习与成长，通过这 4 个方面的协调及相互影响，能引导企业管理层对企业发展战略做出全方位的思考，确保日常业务运作与企业远景和经营战略保持一致。

综合业绩评价制度将结果（如利润或现金流量）与原因（如顾客或员工满意）联系在一起。财务是最终目标，顾客是关键，企业内部业务流程是基础，企业学习与成长是核心。只有企业学习与成长了，才能持续改善企业内部业务流程，更好地为企业的顾客服务，从而实现企业最终的财务目标。综合业绩评价指标的重要性在于将战略、过程和管理人员联系在一起，提供一种综合的计划与控制系统。它是一种将超越数字的动态评价与静态评价相统一，将财务（货币）指标与非财务（非货币）指标相结合的革命性的业绩评价，也是推动企业可持续发展的业绩评价制度。

任务四　模拟企业经营成果评价

一、经营成果得分

综合各方面因素,获得模拟企业经营成果的得分,对模拟企业的经营情况进行定量评价。

$$经营成果得分 = 权益 \times (1 + 企业综合发展系数 \div 100)$$

企业综合发展系数的计算方法如表5-2所示。

表5-2　综合发展系数计算方法

项　目	计算方法/分
大厂房	+20
小厂房	+15
手工生产线/条	+5
半自动生产线/条	+10
全自动生产线/条	+15
柔性生产线/条	+20
区域市场开发	+10
国内市场开发	+10
亚洲市场开发	+10
国际市场开发	+10
ISO 9000	+10
ISO 14000	+10
P1 产品研发	+10
P2 产品研发	+10
P3 产品研发	+10
P4 产品研发	+10
本地市场地位(第六年市场第一)	+15
区域市场地位(第六年市场第一)	+15
国内市场地位(第六年市场第一)	+15
亚洲市场地位(第六年市场第一)	+15
国际市场地位(第六年市场第一)	+15
扣分	

二、模拟企业成员表现

岗位分工明确，各司其职，制订计划，合作愉快，组间公平竞争，各个企业的团结程度、每个成员的参与程度，以及各种表格（如运营表、损益表、现金流量预算表、采购计划表、贷款登记表、资产负债表等）的填写等都列为企业成员的综合表现评价。

三、经营结果总结

经营结果总结包括个人总结和团体总结。个人总结是课程结束后每个同学上交一份实训报告，是对自己几天的体会、经验及在实践中应用的理论知识进行的总结与归纳。团体总结就是站在团队全局的角度上利用多媒体向全班同学边展示边讲解，这也是经验分享的一个过程。团体总结包括本企业的企业文化、成员构成、整体战略、广告策略、市场定位和企业运营得失等。

Excel 模型在沙盘中的应用

任务一　Excel 模型的概念及作用

在财务工作中,经常要进行大量复杂的计算,在这些计算中有一部分数据在不停地变化,而对应这些数据之间的关系是确定的,这样就可以利用 Excel 建立这些数据之间的关系,在需要计算的时候只要输入变量,Excel 就会自动计算出相应的结果。

使用 Excel 模型可以减少重复劳动,提高效率;可以预测未来的经营状况并且制定决策。

在建立 Excel 模型之前,必须确定模型中将要用到的一些参数,通常这些参数会在沙盘的规则中给出。

任务二　生产部门模型的建立

对于一个长期经营的企业,它的产能应该根据市场的需求来决定,即以需定产,然而由于市场的不确定性及一些经营状况的限制(如必须提前订购原材料等),通常就需要提前制订生产计划,因此,从短期来看,则是根据制订好的生产计划来调整广告策略,即以产定销。

生产模型的设立思路如图 6 - 1 所示。

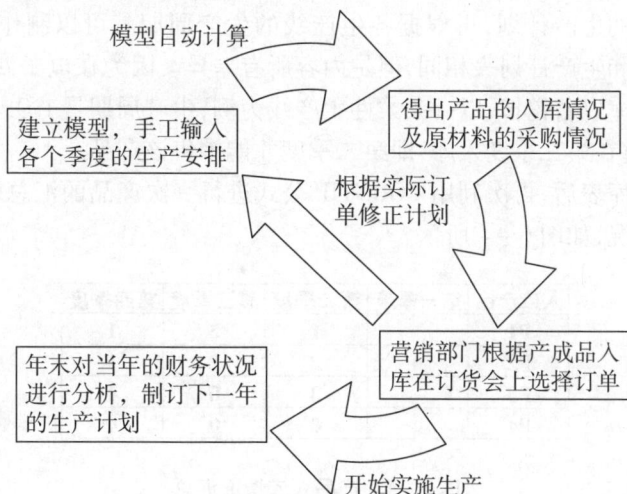

模型自动计算

建立模型,手工输入各个季度的生产安排

得出产品的入库情况及原材料的采购情况

根据实际订单修正计划

年末对当年的财务状况进行分析,制订下一年的生产计划

营销部门根据产成品入库在订货会上选择订单

开始实施生产

图 6 - 1　生产模型设计思路

在建立生产计划模型的时候要确定的属性包括生产线的编号、种类、线上产品、季度和转产周期，然后在每条生产线上输入各季度生产产品的名称（手工输入），这样就模拟出一条生产线。例如，在年初制定了如图 6-2 所示的生产计划模型。

	A	B	C	D	E	F
1	生产线编号	种类	第一季度	第二季度	第三季度	第四季度
2	1	全	P1	P1	P1	P1
3	2	全	P2	P2	P2	P2
4	3	全	P3	P3	P3	P3
5	4	柔	P3	P1	P3	P3
6	5	柔	P2	P3	P3	P4
7	6	柔	P3	P3	P3	P3
8	7	柔		P2	P4	P4
9	8	柔		P3	P4	P2
10	9	柔		P1	P4	P1
11	10	柔		P3	P4	P4

图 6-2　生产计划模型

在输入每条生产线每季度投产的产品之后，利用 COUNTIF 公式据此生成的 P1、P2、P3、P4 在各个季度投产状况汇总表。COUNTIF 公式的作用是计算满足条件的单元格个数，例如，COUNTIF(C2:C11,"P1")的意思是计算 C2 至 C11 单元格中内容为 P1 的单元格的个数，这样就可以得出各产品的投产汇总表，如图 6-3 所示。

产品	第一季度	第二季度	第三季度	第四季度	全年总计
P1	1	3	1	2	7
P2	2	2	1	2	7
P3	3	5	4	3	15
P4	0	0	4	3	7
加工费	6	10	10	10	36

图 6-3　产品投产汇总情况

通过手工输入的生产计划，再根据各生产线的生产周期就可以制作出产品的入库表。产品入库表的属性和生产计划表相同，但是内容所有差异。因为在电子沙盘中，所有的产成品都是在季度初入库以备销售，以一条柔性生产线为例，生产周期是 1 Q，在第一季度投入原料进行生产，产品将在第二季度入库，即第二季度才能销售该产品。

建立好产品入库表后，再次利用 COUNTIF 公式进行一次产品的汇总就可以生成产品在这个季度的入库情况，如图 6-4 所示。

入库产品	第一季度	第二季度	第三季度	第四季度
P1		1	3	1
P2		2	2	1
P3		3	5	4
P4		0	0	4

图 6-4　产品入库情况汇总

有了图 6-4 的运算结果,营销部门就可以根据产品的入库情况清楚地了解每个季度能有多少产品进行销售,并在订货会上选取订单。

采购部门根据参数设定的各产品需要的原料及图 6-3 所示的产品投产汇总表,可以通过计算得出所需订购的各种原料,如图 6-5 所示。

原材料订购

	第一季度	第二季度	第三季度	第四季度
R1	4	8	5	5
R2	2	2	5	5
R3	5	7	9	8
R4	3	5	12	9

图 6-5　原材料采购计算结果

通过模型的辅助就可以做到原材料"零库存",从而提高资金的流动性。

另外,生产计划还需要按照营销部门实际拿到的订单进行微调,争取做到产品的"零库存",这样就避免了库存占用现金。

任务三　财务部门模型的建立

财务是企业发展的核心,企业的所有经营活动都需要资金来支持,在沙盘模拟经营中,一旦资金链断裂或者是所有者权益为负,就认定为破产,因此对财务风险的防范在企业经营过程中是一项非常重要的事情。我们通过模型,可以模拟出维持企业经营所需的现金流,并且可以在一定程度上"预测"企业在年末的财务状况,进而提前做出相应决策,避免可能出现的财务风险。

财务模型的建立思路如图 6-6 所示。

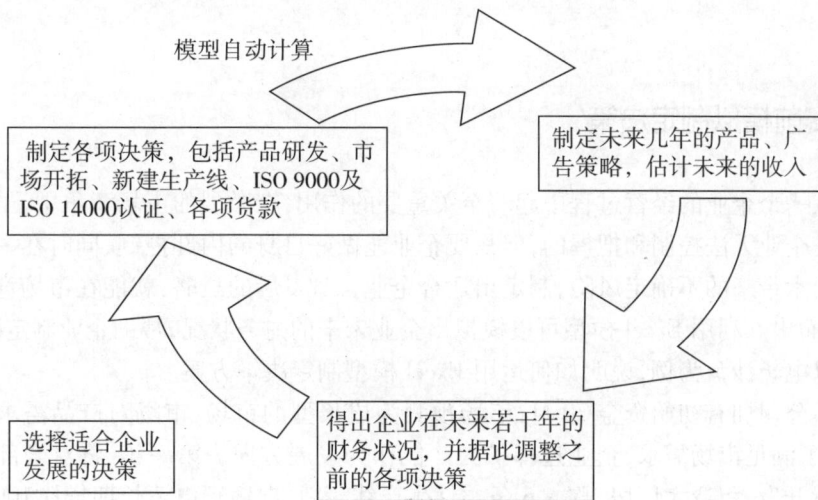

图 6-6　财务模型的建立思路

列出所有能影响现金的经营活动,并且按照逻辑顺序汇总,运用加或减进行计算,就可以建立现金流和利润表的模型,如图6-7、图6-8所示。

图6-7　现金流预测

图6-8　利润预测

这2个模型的数据是从之前建立的生产等模型中引用而来的,这样,只要在先前建立的模型中输入决策数据,就能一目了然地看出这样的决策会对现金流及利润表的影响。可以通过多次输入不同的数据,选择出最适合企业发展的决策。

任务四　Excel 模型在沙盘中的实际运用

一、赛前模拟制定决策

决策在一个企业的经营过程中起着至关重要的作用,在激烈的市场竞争中,虽然很多外部因素都是企业无法控制和把握的,但只要企业能做好自身的内部控制,同时在一定程度上降低外部因素带来的不确定风险,制定出适合企业自身发展的战略,就能在市场竞争中占得先机,脱颖而出。利用 Excel 模型可以模拟出企业未来的财务状况,帮助企业制定决策方案。

下面以电子沙盘为例,说明如何运用 Excel 模型制定决策方案。

假设新公司拥有初始资金70 M,市场预测为成长型的市场,市场对产品需求的增加非常明显,为了满足市场需求,企业选择扩大产能作为发展方向。第一年,将对全部新产品和新市场进行开发,租赁大厂房,购入6条柔性生产线,并且向银行申请长期贷款100 M。据此我们可以通过财务部门的模型模拟出第一年的财务状况,如图6-9、图6-10所示。

财务状况		
年初	余额	70
减去	广告费	0
	所得税	
	长贷利息	
	偿还长贷	
加上	新增长贷	100

		第一季度	第二季度	第三季度	第四季度
	期初	170	134	98	63
减去	短贷还本付息				
加上	新增短贷				
减去	原材料入库	0	0	0	0
	购买租用厂房				
	生产线费用	30	30	30	30
	紧急采购				
	产品加工费	0	0	0	0
加上	应收款到账				
减去	产品研发	5	5	4	4
	市场开拓				5
	ISO投资				0
	支付管理费	1	1	1	1
	支付租金				5
加上	应收款贴现				
减去	贴现费用				
	设备维护				
	收入合计	100	0	0	0
	支出合计	36	36	35	45
	净流量	64	-36	-35	-45
	期末	134	98	63	18

图6-9　现金流预测

通过图 6-9、图 6-10 就能清晰地了解第一年的财务状况。在第一年年末企业还有18 M的现金,权益将降至38 M。在第二年初,企业还要偿还长期贷款的利息及投放广告,18 M 的现金显然不够,另外企业的权益降至 38 M,根据贷款的规则所有长贷和短贷之和不能超过上年权益的 3 倍,企业在第二年的贷款只剩 10 M,这对维持企业的经营所需要的现金来说显然是杯水车薪。由此可见,如果按照刚刚假定的经营方式,企业在第二年就会发生现金流断裂,从而破产。

这样利用 Excel 模型能及时预测到经营决策会给企业带来的结果,以及将会出现的风险,因此在事先做决策时就应该尽量避免这些风险。

此外,在企业长期经营的过程中,经常会出现市场的变化和企业预期不一致的情况,例如,市场需求降低或市场竞争加剧导致企业出现大量的库存积压,利润低于预期等。这时企业就要对以后的市场需求进行重新评估,调整决策,以应对市场的变化。

综合费用	
广告费用	0
研发支出	18
市场开拓	5
ISO认证	0
短贷利息	0
长贷利息	0
厂房租金	5
管理费	4
设备维护	0
贴现费用	0
其他	
合计	32

利润表	
营业收入	0
营业成本	0
毛利	0
综合费用	32
折旧	
本年利润	-32
所有者权益	38

图6-10　利润预测

二、在竞争中取得优势

孙子曰:昔之善战者,先为不可胜,以待敌之可胜。不可胜在己,可胜在敌。故善战者,能为不可胜,不能使敌之必可胜。故曰:胜可知,而不可为。

——《孙子兵法》

　　这段话的意思是：孙子说，善于用兵作战的人，总是首先创造自己不可战胜的条件，并等待可以战胜敌人的机会。使自己不被战胜，其主动权掌握在自己手中；敌人能否被战胜，在于敌人是否给我们以可乘之机。所以，善于作战的人只能够使自己不被战胜，而不能使敌人一定会被我军战胜。所以说，胜利可以预见，却不能强求。

　　这段话在企业竞争中同样适用，一个企业想要打败竞争对手，最重要的是要将自己立于不被打败的境地，即做好自身内部控制和风险管理，面对市场上的各种变化要及时做出相应的对策，至于能否打败竞争对手，就看对方给不给你这个机会了。企业这时候要做的，就是尽量地创造出这种机会。

　　以沙盘为例，企业可以通过"商业间谍"这一操作了解对手的经营状况，从而建立对手的财务模型，做到知己知彼。如果我们发现对手的现金吃紧，甚至出现贴现，而我们和竞争对手企业的产品研发和市场开拓程度相近，这时就可以通过一些营销手段，降低对手的开发进度，达到占领新市场的目的。例如，企业可以增加广告预算，在选单会上选择那些账期短的订单，从而影响对手的现金回笼速度，当对手现金流紧张，为了避免贴现，就会放缓一些开发项目，这样企业就能够先于对手开拓出新的市场和产品，获得市场领先者的机会也随之增加，从而进一步地控制市场上的订单，同时打压竞争对手。

ERP 沙盘模拟实战记录

实战记录 A CEO 实战记录

_____公司

首席执行官 CEO _____

起始年

企业经营流程 请按顺序执行下列各项操作。	团队成员每执行完一项操作，CEO 需在相应的方格内打钩。			
新年度规划会议				
广告投放				
参加订货会选订单/登记销售订单				
制订新年度计划				
支付应付税				
支付长贷利息				
更新长期贷款/长期贷款还款				
申请长期贷款				
季初现金盘点（请填余额）				
更新短期贷款/短期贷款还本付息				
申请短期贷款				
原材料入库/更新原料订单				
下原料订单				
购买/租用厂房				
更新生产/完工入库				
新建/在建/转产/变卖生产线				
紧急采购（随时进行）				
采购（随时进行）				
开始下一批生产				
更新应收款/应收款收现				
按订单交货				
产品研发投资				
厂房出售(买转租)/退租/租转买				
新市场开拓/ISO 资格认证投资				
支付管理费				
出售库存				
厂房贴现				
应收款贴现				
现金收入合计				
现金支出合计				
季末现金对账（请填余额）				
缴纳违约订单罚款				
支付设备维护费				
计提折旧				（　）
新市场开拓/ISO 资格认证投资				
关账				

第一年

企业经营流程 请按顺序执行下列各项操作。	团队成员每执行完一项操作，CEO 需在相应的方格内打钩。			
新年度规划会议				
广告投放				
参加订货会选订单/登记销售订单				
制订新年度计划				
支付应付税				
支付长贷利息				
更新长期贷款/长期贷款还款				
申请长期贷款				
季初现金盘点(请填余额)				
更新短期贷款/短期贷款还本付息				
申请短期贷款				
原材料入库/更新原料订单				
下原料订单				
购买/租用厂房				
更新生产/完工入库				
新建/在建/转产/变卖生产线				
紧急采购(随时进行)				
采购(随时进行)				
开始下一批生产				
更新应收款/应收款收现				
按订单交货				
产品研发投资				
厂房出售(买转租)/退租/租转买				
新市场开拓/ISO 资格认证投资				
支付管理费				
出售库存				
厂房贴现				
应收款贴现				
现金收入合计				
现金支出合计				
季末现金对账(请填余额)				
缴纳违约订单罚款				
支付设备维护费				
计提折旧				( )
新市场开拓/ISO 资格认证投资				
关账				

第二年

企业经营流程 请按顺序执行下列各项操作。	团队成员每执行完一项操作,CEO 需在相应的方格内打钩。			
新年度规划会议				
广告投放				
参加订货会选订单/登记销售订单				
制订新年度计划				
支付应付税				
支付长贷利息				
更新长期贷款/长期贷款还款				
申请长期贷款				
季初现金盘点（请填余额）				
更新短期贷款/短期贷款还本付息				
申请短期贷款				
原材料入库/更新原料订单				
下原料订单				
购买/租用厂房				
更新生产/完工入库				
新建/在建/转产/变卖生产线				
紧急采购（随时进行）				
采购（随时进行）				
开始下一批生产				
更新应收款/应收款收现				
按订单交货				
产品研发投资				
厂房出售(买转租)/退租/租转买				
新市场开拓/ISO 资格认证投资				
支付管理费				
出售库存				
厂房贴现				
应收款贴现				
现金收入合计				
现金支出合计				
季末现金对账（请填余额）				
缴纳违约订单罚款				
支付设备维护费				
计提折旧				( )
新市场开拓/ISO 资格认证投资				
关账				

第三年

企业经营流程 请按顺序执行下列各项操作。	团队成员每执行完一项操作,CEO 需在相应的方格内打钩。			
新年度规划会议				
广告投放				
参加订货会选订单/登记销售订单				
制订新年度计划				
支付应付税				
支付长贷利息				
更新长期贷款/长期贷款还款				
申请长期贷款				
季初现金盘点(请填余额)				
更新短期贷款/短期贷款还本付息				
申请短期贷款				
原材料入库/更新原料订单				
下原料订单				
购买/租用厂房				
更新生产/完工入库				
新建/在建/转产/变卖生产线				
紧急采购(随时进行)				
采购(随时进行)				
开始下一批生产				
更新应收款/应收款收现				
按订单交货				
产品研发投资				
厂房出售(买转租)/退租/租转买				
新市场开拓/ISO 资格认证投资				
支付管理费				
出售库存				
厂房贴现				
应收款贴现				
现金收入合计				
现金支出合计				
季末现金对账(请填余额)				
缴纳违约订单罚款				
支付设备维护费				
计提折旧				( )
新市场开拓/ISO 资格认证投资				
关账				

第四年

企业经营流程 请按顺序执行下列各项操作。	团队成员每执行完一项操作，CEO 需在相应的方格内打钩。			
新年度规划会议				
广告投放				
参加订货会选订单/登记销售订单				
制订新年度计划				
支付应付税				
支付长贷利息				
更新长期贷款/长期贷款还款				
申请长期贷款				
季初现金盘点（请填余额）				
更新短期贷款/短期贷款还本付息				
申请短期贷款				
原材料入库/更新原料订单				
下原料订单				
购买/租用厂房				
更新生产/完工入库				
新建/在建/转产/变卖生产线				
紧急采购（随时进行）				
采购（随时进行）				
开始下一批生产				
更新应收款/应收款收现				
按订单交货				
产品研发投资				
厂房出售(买转租)/退租/租转买				
新市场开拓/ISO 资格认证投资				
支付管理费				
出售库存				
厂房贴现				
应收款贴现				
现金收入合计				
现金支出合计				
季末现金对账（请填余额）				
缴纳违约订单罚款				
支付设备维护费				
计提折旧				（ ）
新市场开拓/ISO 资格认证投资				
关账				

第五年

企业经营流程 请按顺序执行下列各项操作。	团队成员每执行完一项操作,CEO 需在相应的方格内打钩。			
新年度规划会议				
广告投放				
参加订货会选订单/登记销售订单				
制订新年度计划				
支付应付税				
支付长贷利息				
更新长期贷款/长期贷款还款				
申请长期贷款				
季初现金盘点(请填余额)				
更新短期贷款/短期贷款还本付息				
申请短期贷款				
原材料入库/更新原料订单				
下原料订单				
购买/租用厂房				
更新生产/完工入库				
新建/在建/转产/变卖生产线				
紧急采购(随时进行)				
采购(随时进行)				
开始下一批生产				
更新应收款/应收款收现				
按订单交货				
产品研发投资				
厂房出售(买转租)/退租/租转买				
新市场开拓/ISO 资格认证投资				
支付管理费				
出售库存				
厂房贴现				
应收款贴现				
现金收入合计				
现金支出合计				
季末现金对账(请填余额)				
缴纳违约订单罚款				
支付设备维护费				
计提折旧				( )
新市场开拓/ISO 资格认证投资				
关账				

第六年

企业经营流程 请按顺序执行下列各项操作。	团队成员每执行完一项操作，CEO 需在相应的方格内打钩。			
新年度规划会议				
广告投放				
参加订货会选订单/登记销售订单				
制订新年度计划				
支付应付税				
支付长贷利息				
更新长期贷款/长期贷款还款				
申请长期贷款				
季初现金盘点（请填余额）				
更新短期贷款/短期贷款还本付息				
申请短期贷款				
原材料入库/更新原料订单				
下原料订单				
购买/租用厂房				
更新生产/完工入库				
新建/在建/转产/变卖生产线				
紧急采购（随时进行）				
采购（随时进行）				
开始下一批生产				
更新应收款/应收款收现				
按订单交货				
产品研发投资				
厂房出售（买转租）/退租/租转买				
新市场开拓/ISO 资格认证投资				
支付管理费				
出售库存				
厂房贴现				
应收款贴现				
现金收入合计				
现金支出合计				
季末现金对账（请填余额）				
缴纳违约订单罚款				
支付设备维护费				
计提折旧				（ ）
新市场开拓/ISO 资格认证投资				
关账				

ERP 沙盘模拟实战记录

实战记录 B CFO 实战记录

_____公司

财务总监 CFO _____

起始年

企业经营流程 请按顺序执行下列各项操作。	每执行完一项操作,财务总监(助理)需在相应的方格内打钩。 填写现金收支的具体数字。			
新年度规划会议				
广告投放				
参加订货会选订单/登记销售订单				
制订新年度计划				
支付应付税				
支付长贷利息				
更新长期贷款/长期贷款还款				
申请长期贷款				
季初现金盘点(请填余额)				
更新短期贷款/短期贷款还本付息				
申请短期贷款				
原材料入库/更新原料订单				
下原料订单				
购买/租用厂房				
更新生产/完工入库				
新建/在建/转产/变卖生产线				
紧急采购(随时进行)				
采购（随时进行）				
开始下一批生产				
更新应收款/应收款收现				
按订单交货				
产品研发投资				
厂房出售(买转租)/退租/租转买				
新市场开拓/ISO 资格认证投资				
支付管理费				
出售库存				
厂房贴现				
应收款贴现				
现金收入合计				
现金支出合计				
季末现金对账(请填余额)				
缴纳违约订单罚款				
支付设备维护费				
计提折旧				( )
新市场开拓/ISO 资格认证投资				
关账				

订单登记表

订单号										合　计
市场										
产品										
数量										
账期										
销售额										
成本										
毛利										
未售										

产品核算统计表

	P1	P2	P3	P4	合　计
数量					
销售额					
成本					
毛利					

综合管理费用明细表

项　目	金　额	备　注
管理费		
广告费		
保养费		
租　金		
转产费		
市场准入开拓		□本地　□区域　□国内　□亚洲　□国际
ISO 资格认证		□ISO 9000　　□ISO 14000
产品研发		P1(　　) P2(　　) P3(　　) P4(　　)
其　他		
合　计		

利 润 表

项 目	上 年 数	本 年 数
销售收入		
直接成本		
毛利		
综合费用		
折旧前利润		
折旧		
支付利息前利润		
财务收入／支出		
其他收入／支出		
税前利润		
所得税		
净利润		

资产负债表

资 产	期 初 数	期 末 数	负债和所有者权益	期 初 数	期 末 数
流动资产：			负债：		
现金			长期负债		
应收款			短期负债		
在制品			应付账款		
成品			应交税金		
原料			一年内到期的长期负债		
流动资产合计			负债合计		
固定资产：			所有者权益：		
土地和建筑			股东资本		
机器与设备			利润留存		
在建工程			年度净利		
固定资产合计			所有者权益合计		
资产总计			负债和所有者权益总计		

第一年

企业经营流程 请按顺序执行下列各项操作。	每执行完一项操作,财务总监(助理)需在相应的方格内打钩。 填写现金收支的具体数字。			
新年度规划会议				
广告投放				
参加订货会选订单/登记销售订单				
制订新年度计划				
支付应付税				
支付长贷利息				
更新长期贷款/长期贷款还款				
申请长期贷款				
季初现金盘点(请填余额)				
更新短期贷款/短期贷款还本付息				
申请短期贷款				
原材料入库/更新原料订单				
下原料订单				
购买/租用厂房				
更新生产/完工入库				
新建/在建/转产/变卖生产线				
紧急采购(随时进行)				
采购(随时进行)				
开始下一批生产				
更新应收款/应收款收现				
按订单交货				
产品研发投资				
厂房出售(买转租)/退租/租转买				
新市场开拓/ISO资格认证投资				
支付管理费				
出售库存				
厂房贴现				
应收款贴现				
现金收入合计				
现金支出合计				
季末现金对账(请填余额)				
缴纳违约订单罚款				
支付设备维护费				
计提折旧				( )
新市场开拓/ISO资格认证投资				
关账				

现金预算表

项　目	第一季度	第二季度	第三季度	第四季度
期初库存现金				
市场广告投入				
支付上年应交税				
支付长期贷款利息				
偿还到期的长期贷款				
支付短期贷款利息				
支付到期短期贷款本金				
支付到期的应付款				
支付原材料采购现金				
支付购买厂房款/支付租金				
支付生产线投资				
支付转产费用				
支付产品加工费				
收到现金前的所有支出				
应收款到期收到现金				
支付产品研发投资				
支付管理费用				
支付设备维护费用				
支付市场开拓投资				
支付 ISO 认证投资				
其他				
现金收入合计				
现金支出合计				
现金多余或不足（－）				
向银行贷款				
贴现收到现金				
期末现金余额				

要点记录

第一季度：

第二季度：

第三季度：

第四季度：

年底小结：

订单登记表

订单号										合　计
市场										
产品										
数量										
账期										
销售额										
成本										
毛利										
未售										

产品核算统计表

	P1	P2	P3	P4	合　计
数量					
销售额					
成本					
毛利					

综合管理费用明细表

项　目	金　额	备　注
管理费		
广告费		
保养费		
租　金		
转产费		
市场准入开拓		□本地　□区域　□国内　□亚洲　□国际
ISO 资格认证		□ISO 9000　　□ISO 14000
产品研发		P1(　　)　P2(　　)　P3(　　)　P4(　　)
其　他		
合　计		

利润表

项　目	上 年 数	本 年 数
销售收入		
直接成本		
毛利		
综合费用		
折旧前利润		
折旧		
支付利息前利润		
财务收入／支出		
其他收入／支出		
税前利润		
所得税		
净利润		

资产负债表

资　产	期 初 数	期 末 数	负债和所有者权益	期 初 数	期 末 数
流动资产：			负债：		
现金			长期负债		
应收款			短期负债		
在制品			应付账款		
成品			应交税金		
原料			一年内到期的长期负债		
流动资产合计			负债合计		
固定资产：			所有者权益：		
土地和建筑			股东资本		
机器与设备			利润留存		
在建工程			年度净利		
固定资产合计			所有者权益合计		
资产总计			负债和所有者权益总计		

第二年

企业经营流程 请按顺序执行下列各项操作。	每执行完一项操作,财务总监(助理)需在相应的方格内打钩。 填写现金收支的具体数字。			
新年度规划会议				
广告投放				
参加订货会选订单/登记销售订单				
制订新年度计划				
支付应付税				
支付长贷利息				
更新长期贷款/长期贷款还款				
申请长期贷款				
季初现金盘点(请填余额)				
更新短期贷款/短期贷款还本付息				
申请短期贷款				
原材料入库/更新原料订单				
下原料订单				
购买/租用厂房				
更新生产/完工入库				
新建/在建/转产/变卖生产线				
紧急采购(随时进行)				
采购(随时进行)				
开始下一批生产				
更新应收款/应收款收现				
按订单交货				
产品研发投资				
厂房出售(买转租)/退租/租转买				
新市场开拓/ISO 资格认证投资				
支付管理费				
出售库存				
厂房贴现				
应收款贴现				
现金收入合计				
现金支出合计				
季末现金对账(请填余额)				
缴纳违约订单罚款				
支付设备维护费				
计提折旧				( )
新市场开拓/ISO 资格认证投资				
关账				

现金预算表

项　目	第一季度	第二季度	第三季度	第四季度
期初库存现金				
市场广告投入				
支付上年应交税				
支付长期贷款利息				
偿还到期的长期贷款				
支付短期贷款利息				
支付到期短期贷款本金				
支付到期的应付款				
支付原材料采购现金				
支付购买厂房款/支付租金				
支付生产线投资				
支付转产费用				
支付产品加工费				
收到现金前的所有支出				
应收款到期收到现金				
支付产品研发投资				
支付管理费用				
支付设备维护费用				
支付市场开拓投资				
支付 ISO 认证投资				
其他				
现金收入合计				
现金支出合计				
现金多余或不足（－）				
向银行贷款				
贴现收到现金				
期末现金余额				

要点记录

第一季度：

第二季度：

第三季度：

第四季度：

年底小结：

订单登记表

订单号										合　计
市场										
产品										
数量										
账期										
销售额										
成本										
毛利										
未售										

产品核算统计表

	P1	P2	P3	P4	合　计
数量					
销售额					
成本					
毛利					

综合管理费用明细表

项　目	金　额	备　注
管理费		
广告费		
保养费		
租　金		
转产费		
市场准入开拓		□本地　□区域　□国内　□亚洲　□国际
ISO 资格认证		□ISO 9000　　□ISO 14000
产品研发		P1(　　) P2(　　) P3(　　) P4(　　)
其　他		
合　计		

利 润 表

项 目	上 年 数	本 年 数
销售收入		
直接成本		
毛利		
综合费用		
折旧前利润		
折旧		
支付利息前利润		
财务收入/支出		
其他收入/支出		
税前利润		
所得税		
净利润		

资产负债表

资 产	期 初 数	期 末 数	负债和所有者权益	期 初 数	期 末 数
流动资产：			负债：		
现金			长期负债		
应收款			短期负债		
在制品			应付账款		
成品			应交税金		
原料			一年内到期的长期负债		
流动资产合计			负债合计		
固定资产：			所有者权益：		
土地和建筑			股东资本		
机器与设备			利润留存		
在建工程			年度净利		
固定资产合计			所有者权益合计		
资产总计			负债和所有者权益总计		

第三年

企业经营流程 请按顺序执行下列各项操作。	每执行完一项操作,财务总监(助理)需在相应的方格内打钩。 填写现金收支的具体数字。			
新年度规划会议				
广告投放				
参加订货会选订单/登记销售订单				
制订新年度计划				
支付应付税				
支付长贷利息				
更新长期贷款/长期贷款还款				
申请长期贷款				
季初现金盘点(请填余额)				
更新短期贷款/短期贷款还本付息				
申请短期贷款				
原材料入库/更新原料订单				
下原料订单				
购买/租用厂房				
更新生产/完工入库				
新建/在建/转产/变卖生产线				
紧急采购(随时进行)				
采购(随时进行)				
开始下一批生产				
更新应收款/应收款收现				
按订单交货				
产品研发投资				
厂房出售(买转租)/退租/租转买				
新市场开拓/ISO 资格认证投资				
支付管理费				
出售库存				
厂房贴现				
应收款贴现				
现金收入合计				
现金支出合计				
季末现金对账(请填余额)				
缴纳违约订单罚款				
支付设备维护费				
计提折旧				( )
新市场开拓/ISO 资格认证投资				
关账				

现金预算表

项　目	第一季度	第二季度	第三季度	第四季度
期初库存现金				
市场广告投入				
支付上年应交税				
支付长期贷款利息				
偿还到期的长期贷款				
支付短期贷款利息				
支付到期短期贷款本金				
支付到期的应付款				
支付原材料采购现金				
支付购买厂房款/支付租金				
支付生产线投资				
支付转产费用				
支付产品加工费				
收到现金前的所有支出				
应收款到期收到现金				
支付产品研发投资				
支付管理费用				
支付设备维护费用				
支付市场开拓投资				
支付 ISO 认证投资				
其他				
现金收入合计				
现金支出合计				
现金多余或不足（－）				
向银行贷款				
贴现收到现金				
期末现金余额				

要点记录

第一季度：

第二季度：

第三季度：

第四季度：

年底小结：

订单登记表

订单号										合 计
市场										
产品										
数量										
账期										
销售额										
成本										
毛利										
未售										

产品核算统计表

	P1	P2	P3	P4	合 计
数量					
销售额					
成本					
毛利					

综合管理费用明细表

项 目	金 额	备 注
管理费		
广告费		
保养费		
租 金		
转产费		
市场准入开拓		□本地 □区域 □国内 □亚洲 □国际
ISO 资格认证		□ISO 9000　　□ISO 14000
产品研发		P1(　) P2(　) P3(　) P4(　)
其 他		
合 计		

利 润 表

项　目	上 年 数	本 年 数
销售收入		
直接成本		
毛利		
综合费用		
折旧前利润		
折旧		
支付利息前利润		
财务收入/支出		
其他收入/支出		
税前利润		
所得税		
净利润		

资产负债表

资　产	期 初 数	期 末 数	负债和所有者权益	期 初 数	期 末 数
流动资产：			负债：		
现金			长期负债		
应收款			短期负债		
在制品			应付账款		
成品			应交税金		
原料			一年内到期的长期负债		
流动资产合计			负债合计		
固定资产：			所有者权益：		
土地和建筑			股东资本		
机器与设备			利润留存		
在建工程			年度净利		
固定资产合计			所有者权益合计		
资产总计			负债和所有者权益总计		

第四年

企业经营流程 请按顺序执行下列各项操作。	每执行完一项操作,财务总监(助理)需在相应的方格内打钩。 填写现金收支的具体数字。			
新年度规划会议				
广告投放				
参加订货会选订单/登记销售订单				
制订新年度计划				
支付应付税				
支付长贷利息				
更新长期贷款/长期贷款还款				
申请长期贷款				
季初现金盘点(请填余额)				
更新短期贷款/短期贷款还本付息				
申请短期贷款				
原材料入库/更新原料订单				
下原料订单				
购买/租用厂房				
更新生产/完工入库				
新建/在建/转产/变卖生产线				
紧急采购(随时进行)				
采购(随时进行)				
开始下一批生产				
更新应收款/应收款收现				
按订单交货				
产品研发投资				
厂房出售(买转租)/退租/租转买				
新市场开拓/ISO 资格认证投资				
支付管理费				
出售库存				
厂房贴现				
应收款贴现				
现金收入合计				
现金支出合计				
季末现金对账(请填余额)				
缴纳违约订单罚款				
支付设备维护费				
计提折旧				( )
新市场开拓/ISO 资格认证投资				
关账				

现金预算表

项 目	第一季度	第二季度	第三季度	第四季度
期初库存现金				
市场广告投入				
支付上年应交税				
支付长期贷款利息				
偿还到期的长期贷款				
支付短期贷款利息				
支付到期短期贷款本金				
支付到期的应付款				
支付原材料采购现金				
支付购买厂房款/支付租金				
支付生产线投资				
支付转产费用				
支付产品加工费				
收到现金前的所有支出				
应收款到期收到现金				
支付产品研发投资				
支付管理费用				
支付设备维护费用				
支付市场开拓投资				
支付 ISO 认证投资				
其他				
现金收入合计				
现金支出合计				
现金多余或不足（－）				
向银行贷款				
贴现收到现金				
期末现金余额				

要点记录

第一季度：

第二季度：

第三季度：

第四季度：

年底小结：

订单登记表

订单号										合 计
市场										
产品										
数量										
账期										
销售额										
成本										
毛利										
未售										

产品核算统计表

	P1	P2	P3	P4	合 计
数量					
销售额					
成本					
毛利					

综合管理费用明细表

项 目	金 额	备 注
管理费		
广告费		
保养费		
租 金		
转产费		
市场准入开拓		□本地 □区域 □国内 □亚洲 □国际
ISO 资格认证		□ISO 9000 □ISO 14000
产品研发		P1( ) P2( ) P3( ) P4( )
其 他		
合 计		

利 润 表

项　目	上 年 数	本 年 数
销售收入		
直接成本		
毛利		
综合费用		
折旧前利润		
折旧		
支付利息前利润		
财务收入/支出		
其他收入/支出		
税前利润		
所得税		
净利润		

资产负债表

资　产	期 初 数	期 末 数	负债和所有者权益	期 初 数	期 末 数
流动资产：			负债：		
现金			长期负债		
应收款			短期负债		
在制品			应付账款		
成品			应交税金		
原料			一年内到期的长期负债		
流动资产合计			负债合计		
固定资产：			所有者权益：		
土地和建筑			股东资本		
机器与设备			利润留存		
在建工程			年度净利		
固定资产合计			所有者权益合计		
资产总计			负债和所有者权益总计		

第五年

企业经营流程 请按顺序执行下列各项操作。	每执行完一项操作,财务总监(助理)需在相应的方格内打钩。 填写现金收支的具体数字。			
新年度规划会议				
广告投放				
参加订货会选订单/登记销售订单				
制订新年度计划				
支付应付税				
支付长贷利息				
更新长期贷款/长期贷款还款				
申请长期贷款				
季初现金盘点(请填余额)				
更新短期贷款/短期贷款还本付息				
申请短期贷款				
原材料入库/更新原料订单				
下原料订单				
购买/租用厂房				
更新生产/完工入库				
新建/在建/转产/变卖生产线				
紧急采购(随时进行)				
采购(随时进行)				
开始下一批生产				
更新应收款/应收款收现				
按订单交货				
产品研发投资				
厂房出售(买转租)/退租/租转买				
新市场开拓/ISO 资格认证投资				
支付管理费				
出售库存				
厂房贴现				
应收款贴现				
现金收入合计				
现金支出合计				
季末现金对账(请填余额)				
缴纳违约订单罚款				
支付设备维护费				
计提折旧				( )
新市场开拓/ISO 资格认证投资				
关账				

现金预算表

项　目	第一季度	第二季度	第三季度	第四季度
期初库存现金				
市场广告投入				
支付上年应交税				
支付长期贷款利息				
偿还到期的长期贷款				
支付短期贷款利息				
支付到期短期贷款本金				
支付到期的应付款				
支付原材料采购现金				
支付购买厂房款/支付租金				
支付生产线投资				
支付转产费用				
支付产品加工费				
收到现金前的所有支出				
应收款到期收到现金				
支付产品研发投资				
支付管理费用				
支付设备维护费用				
支付市场开拓投资				
支付 ISO 认证投资				
其他				
现金收入合计				
现金支出合计				
现金多余或不足（－）				
向银行贷款				
贴现收到现金				
期末现金余额				

要点记录

第一季度：

第二季度：

第三季度：

第四季度：

年底小结：

订单登记表

订单号								合 计
市场								
产品								
数量								
账期								
销售额								
成本								
毛利								
未售								

产品核算统计表

	P1	P2	P3	P4	合 计
数量					
销售额					
成本					
毛利					

综合管理费用明细表

项 目	金 额	备 注
管理费		
广告费		
保养费		
租 金		
转产费		
市场准入开拓		□本地　□区域　□国内　□亚洲　□国际
ISO 资格认证		□ISO 9000　　□ISO 14000
产品研发		P1(　　)　P2(　　)　P3(　　)　P4(　　)
其 他		
合 计		

利 润 表

项　目	上 年 数	本 年 数
销售收入		
直接成本		
毛利		
综合费用		
折旧前利润		
折旧		
支付利息前利润		
财务收入／支出		
其他收入／支出		
税前利润		
所得税		
净利润		

资产负债表

资　产	期 初 数	期 末 数	负债和所有者权益	期 初 数	期 末 数
流动资产：			负债：		
现金			长期负债		
应收款			短期负债		
在制品			应付账款		
成品			应交税金		
原料			一年内到期的长期负债		
流动资产合计			负债合计		
固定资产：			所有者权益：		
土地和建筑			股东资本		
机器与设备			利润留存		
在建工程			年度净利		
固定资产合计			所有者权益合计		
资产总计			负债和所有者权益总计		

第六年

企业经营流程 请按顺序执行下列各项操作。	每执行完一项操作,财务总监(助理)需在相应的方格内打钩。 填写现金收支的具体数字。			
新年度规划会议				
广告投放				
参加订货会选订单/登记销售订单				
制订新年度计划				
支付应付税				
支付长贷利息				
更新长期贷款/长期贷款还款				
申请长期贷款				
季初现金盘点(请填余额)				
更新短期贷款/短期贷款还本付息				
申请短期贷款				
原材料入库/更新原料订单				
下原料订单				
购买/租用厂房				
更新生产/完工入库				
新建/在建/转产/变卖生产线				
紧急采购(随时进行)				
采购(随时进行)				
开始下一批生产				
更新应收款/应收款收现				
按订单交货				
产品研发投资				
厂房出售(买转租)/退租/租转买				
新市场开拓/ISO 资格认证投资				
支付管理费				
出售库存				
厂房贴现				
应收款贴现				
现金收入合计				
现金支出合计				
季末现金对账(请填余额)				
缴纳违约订单罚款				
支付设备维护费				
计提折旧				( )
新市场开拓/ISO 资格认证投资				
关账				

现金预算表

项　目	第一季度	第二季度	第三季度	第四季度
期初库存现金				
市场广告投入				
支付上年应交税				
支付长期贷款利息				
偿还到期的长期贷款				
支付短期贷款利息				
支付到期短期贷款本金				
支付到期的应付款				
支付原材料采购现金				
支付购买厂房款/支付租金				
支付生产线投资				
支付转产费用				
支付产品加工费				
收到现金前的所有支出				
应收款到期收到现金				
支付产品研发投资				
支付管理费用				
支付设备维护费用				
支付市场开拓投资				
支付 ISO 认证投资				
其他				
现金收入合计				
现金支出合计				
现金多余或不足（－）				
向银行贷款				
贴现收到现金				
期末现金余额				

要点记录

第一季度：

第二季度：

第三季度：

第四季度：

年底小结：

订单登记表

订单号										合 计
市场										
产品										
数量										
账期										
销售额										
成本										
毛利										
未售										

产品核算统计表

	P1	P2	P3	P4	合 计
数量					
销售额					
成本					
毛利					

综合管理费用明细表

项 目	金 额	备 注
管理费		
广告费		
保养费		
租 金		
转产费		
市场准入开拓		□本地　□区域　□国内　□亚洲　□国际
ISO 资格认证		□ISO 9000　　□ISO 14000
产品研发		P1(　　)　P2(　　)　P3(　　)　P4(　　)
其 他		
合 计		

利 润 表

项　目	上　年　数	本　年　数
销售收入		
直接成本		
毛利		
综合费用		
折旧前利润		
折旧		
支付利息前利润		
财务收入/支出		
其他收入/支出		
税前利润		
所得税		
净利润		

资产负债表

资　产	期　初　数	期　末　数	负债和所有者权益	期　初　数	期　末　数
流动资产：			负债：		
现金			长期负债		
应收款			短期负债		
在制品			应付账款		
成品			应交税金		
原料			一年内到期的长期负债		
流动资产合计			负债合计		
固定资产：			所有者权益：		
土地和建筑			股东资本		
机器与设备			利润留存		
在建工程			年度净利		
固定资产合计			所有者权益合计		
资产总计			负债和所有者权益总计		

ERP 沙盘模拟实战记录

实战记录 C 营销总监实战记录

_____公司

营销总监_____

起始年

企业经营流程 请按顺序执行下列各项操作。	每执行完一项操作，营销总监需在相应的方格内打钩，填写成品增减和销售情况。															
新年度规划会议																
广告投放																
参加订货会选订单/登记销售订单																
制订新年度计划																
支付应付税																
支付长贷利息																
更新长期贷款/长期贷款还款																
申请长期贷款																
产成品库存台账	P1	P2	P3	P4	P1	P2	P3	P4	P1	P2	P3	P4	P1	P2	P3	P4
季初产成品盘点（请填余额）																
更新短期贷款/短期贷款还本付息																
申请短期贷款																
原材料入库/更新原料订单																
下原料订单																
购买/租用厂房																
更新生产/完工入库																
新建/在建/转产/变卖生产线																
紧急采购（随时进行）																
采购（随时进行）																
开始下一批生产																
更新应收款/应收款收现																
按订单交货																
产品研发投资																
厂房出售(买转租)/退租/租转买																
新市场开拓/ISO 资格认证投资																
支付管理费																
出售库存																
厂房贴现																
应收款贴现																
产成品入库合计																
产成品出库合计																
季末成品对账（请填余额）																
缴纳违约订单罚款																
支付设备维护费																
计提折旧															( )	
新市场开拓/ISO 资格认证投资																
关账																

第一年

企业经营流程 请按顺序执行下列各项操作。	每执行完一项操作,营销总监需在相应的方格内打钩,填写成品增减和销售情况。															
新年度规划会议																
广告投放																
参加订货会选订单/登记销售订单																
制订新年度计划																
支付应付税																
支付长贷利息																
更新长期贷款/长期贷款还款																
申请长期贷款																
产成品库存台账	P1	P2	P3	P4	P1	P2	P3	P4	P1	P2	P3	P4	P1	P2	P3	P4
季初产成品盘点(请填余额)																
更新短期贷款/短期贷款还本付息																
申请短期贷款																
原材料入库/更新原料订单																
下原料订单																
购买/租用厂房																
更新生产/完工入库																
新建/在建/转产/变卖生产线																
紧急采购(随时进行)																
采购(随时进行)																
开始下一批生产																
更新应收款/应收款收现																
按订单交货																
产品研发投资																
厂房出售(买转租)/退租/租转买																
新市场开拓/ISO 资格认证投资																
支付管理费																
出售库存																
厂房贴现																
应收款贴现																
产成品入库合计																
产成品出库合计																
季末成品对账(请填余额)																
缴纳违约订单罚款																
支付设备维护费																
计提折旧													(	)		
新市场开拓/ISO 资格认证投资																
关账																

第二年

企业经营流程 请按顺序执行下列各项操作。	每执行完一项操作,营销总监需在相应的方格内打钩,填写成品增减和销售情况。															
新年度规划会议																
广告投放																
参加订货会选订单/登记销售订单																
制订新年度计划																
支付应付税																
支付长贷利息																
更新长期贷款/长期贷款还款																
申请长期贷款																
产成品库存台账	P1	P2	P3	P4	P1	P2	P3	P4	P1	P2	P3	P4	P1	P2	P3	P4
季初产成品盘点(请填余额)																
更新短期贷款/短期贷款还本付息																
申请短期贷款																
原材料入库/更新原料订单																
下原料订单																
购买/租用厂房																
更新生产/完工入库																
新建/在建/转产/变卖生产线																
紧急采购(随时进行)																
采购（随时进行）																
开始下一批生产																
更新应收款/应收款收现																
按订单交货																
产品研发投资																
厂房出售(买转租)/退租/租转买																
新市场开拓/ISO 资格认证投资																
支付管理费																
出售库存																
厂房贴现																
应收款贴现																
产成品入库合计																
产成品出库合计																
季末成品对账(请填余额)																
缴纳违约订单罚款																
支付设备维护费																
计提折旧													(			)
新市场开拓/ISO 资格认证投资																
关账																

第三年

企业经营流程 请按顺序执行下列各项操作。	每执行完一项操作,营销总监需在相应的方格内打钩,填写成品增减和销售情况。															
新年度规划会议																
广告投放																
参加订货会选订单/登记销售订单																
制订新年度计划																
支付应付税																
支付长贷利息																
更新长期贷款/长期贷款还款																
申请长期贷款																
产成品库存台账	P1	P2	P3	P4	P1	P2	P3	P4	P1	P2	P3	P4	P1	P2	P3	P4
季初产成品盘点(请填余额)																
更新短期贷款/短期贷款还本付息																
申请短期贷款																
原材料入库/更新原料订单																
下原料订单																
购买/租用厂房																
更新生产/完工入库																
新建/在建/转产/变卖生产线																
紧急采购(随时进行)																
采购(随时进行)																
开始下一批生产																
更新应收款/应收款收现																
按订单交货																
产品研发投资																
厂房出售(买转租)/退租/租转买																
新市场开拓/ISO 资格认证投资																
支付管理费																
出售库存																
厂房贴现																
应收款贴现																
产成品入库合计																
产成品出库合计																
季末成品对账(请填余额)																
缴纳违约订单罚款																
支付设备维护费																
计提折旧													(	)		
新市场开拓/ISO 资格认证投资																
关账																

第四年

企业经营流程 请按顺序执行下列各项操作。	每执行完一项操作，营销总监需在相应的方格内打钩，填写成品增减和销售情况。															
新年度规划会议																
广告投放																
参加订货会选订单/登记销售订单																
制订新年度计划																
支付应付税																
支付长贷利息																
更新长期贷款/长期贷款还款																
申请长期贷款																
产成品库存台账	P1	P2	P3	P4	P1	P2	P3	P4	P1	P2	P3	P4	P1	P2	P3	P4
季初产成品盘点（请填余额）																
更新短期贷款/短期贷款还本付息																
申请短期贷款																
原材料入库/更新原料订单																
下原料订单																
购买/租用厂房																
更新生产/完工入库																
新建/在建/转产/变卖生产线																
紧急采购（随时进行）																
采购（随时进行）																
开始下一批生产																
更新应收款/应收款收现																
按订单交货																
产品研发投资																
厂房出售（买转租）/退租/租转买																
新市场开拓/ISO 资格认证投资																
支付管理费																
出售库存																
厂房贴现																
应收款贴现																
产成品入库合计																
产成品出库合计																
季末成品对账（请填余额）																
缴纳违约订单罚款																
支付设备维护费																
计提折旧														（ ）		
新市场开拓/ISO 资格认证投资																
关账																

第五年

企业经营流程 请按顺序执行下列各项操作。	每执行完一项操作,营销总监需在相应的方格内打钩,填写成品增减 和销售情况。															
新年度规划会议																
广告投放																
参加订货会选订单/登记销售订单																
制订新年度计划																
支付应付税																
支付长贷利息																
更新长期贷款/长期贷款还款																
申请长期贷款																
产成品库存台账	P1	P2	P3	P4	P1	P2	P3	P4	P1	P2	P3	P4	P1	P2	P3	P4
季初产成品盘点(请填余额)																
更新短期贷款/短期贷款还本付息																
申请短期贷款																
原材料入库/更新原料订单																
下原料订单																
购买/租用厂房																
更新生产/完工入库																
新建/在建/转产/变卖生产线																
紧急采购(随时进行)																
采购(随时进行)																
开始下一批生产																
更新应收款/应收款收现																
按订单交货																
产品研发投资																
厂房出售(买转租)/退租/租转买																
新市场开拓/ISO 资格认证投资																
支付管理费																
出售库存																
厂房贴现																
应收款贴现																
产成品入库合计																
产成品出库合计																
季末成品对账(请填余额)																
缴纳违约订单罚款																
支付设备维护费																
计提折旧													(	)		
新市场开拓/ISO 资格认证投资																
关账																

第六年

企业经营流程 请按顺序执行下列各项操作。	每执行完一项操作，营销总监需在相应的方格内打钩，填写成品增减 和销售情况。															
新年度规划会议																
广告投放																
参加订货会选订单/登记销售订单																
制订新年度计划																
支付应付税																
支付长贷利息																
更新长期贷款/长期贷款还款																
申请长期贷款																
产成品库存台账	P1	P2	P3	P4	P1	P2	P3	P4	P1	P2	P3	P4	P1	P2	P3	P4
季初产成品盘点（请填余额）																
更新短期贷款/短期贷款还本付息																
申请短期贷款																
原材料入库/更新原料订单																
下原料订单																
购买/租用厂房																
更新生产/完工入库																
新建/在建/转产/变卖生产线																
紧急采购（随时进行）																
采购（随时进行）																
开始下一批生产																
更新应收款/应收款收现																
按订单交货																
产品研发投资																
厂房出售（买转租）/退租/租转买																
新市场开拓/ISO 资格认证投资																
支付管理费																
出售库存																
厂房贴现																
应收款贴现																
产成品入库合计																
产成品出库合计																
季末成品对账（请填余额）																
缴纳违约订单罚款																
支付设备维护费																
计提折旧														(		)
新市场开拓/ISO 资格认证投资																
关账																

广告报价单

产品	第1年本地			第2年本地			第3年本地			第4年本地			第5年本地			第6年本地		
	广告	9 K	14 K	广告	9 K	14 K	广告	9 K	14 K	广告	9 K	14 K	广告	9 K	14 K	广告	9 K	14 K
P1																		
P2																		
P3																		
P4																		

产品	第1年区域			第2年区域			第3年区域			第4年区域			第5年区域			第6年区域		
	广告	9 K	14 K	广告	9 K	14 K	广告	9 K	14 K	广告	9 K	14 K	广告	9 K	14 K	广告	9 K	14 K
P1																		
P2																		
P3																		
P4																		

产品	第1年国内			第2年国内			第3年国内			第4年国内			第5年国内			第6年国内		
	广告	9 K	14 K	广告	9 K	14 K	广告	9 K	14 K	广告	9 K	14 K	广告	9 K	14 K	广告	9 K	14 K
P1																		
P2																		
P3																		
P4																		

产品	第1年亚洲			第2年亚洲			第3年亚洲			第4年亚洲			第5年亚洲			第6年亚洲		
	广告	9 K	14 K	广告	9 K	14 K	广告	9 K	14 K	广告	9 K	14 K	广告	9 K	14 K	广告	9 K	14 K
P1																		
P2																		
P3																		
P4																		

产品	第1年国际			第2年国际			第3年国际			第4年国际			第5年国际			第6年国际		
	广告	9 K	14 K	广告	9 K	14 K	广告	9 K	14 K	广告	9 K	14 K	广告	9 K	14 K	广告	9 K	14 K
P1																		
P2																		
P3																		
P4																		

实战记录 D　生产总监实战记录

_____公司

生产总监_____

起始年

企业经营流程 请按顺序执行下列各项操作。	每执行完一项操作,生产总监需在方格内打钩,填写在制品和产品研发投资情况。															
新年度规划会议																
广告投放																
参加订货会选订单/登记销售订单																
制订新年度计划																
支付应付税																
支付长贷利息																
更新长期贷款/长期贷款还款																
申请长期贷款																
在制品台账	P1	P2	P3	P4	P1	P2	P3	P4	P1	P2	P3	P4	P1	P2	P3	P4
季初在制品盘点(请填余额)																
更新短期贷款/短期贷款还本付息																
申请短期贷款																
原材料入库/更新原料订单																
下原料订单																
购买/租用厂房																
更新生产/完工入库																
新建/在建/转产/变卖生产线																
紧急采购(随时进行)																
开始下一批生产																
更新应收款/应收款收现																
按订单交货																
产品研发投资																
厂房出售(买转租)/退租/租转买																
新市场开拓/ISO 资格认证投资																
支付管理费																
出售库存																
厂房贴现																
应收款贴现																
在制品上线合计																
在制品下线合计																
季末在制品对账(请填余额)																
缴纳违约订单罚款																
支付设备维护费																
计提折旧													(	)		
新市场开拓/ISO 资格认证投资																
关账																

第一年

企业经营流程 请按顺序执行下列各项操作。	每执行完一项操作,生产总监需在方格内打钩,填写在制品和产品研发投资情况。															
新年度规划会议																
广告投放																
参加订货会选订单/登记销售订单																
制订新年度计划																
支付应付税																
支付长贷利息																
更新长期贷款/长期贷款还款																
申请长期贷款																
在制品台账	P1	P2	P3	P4	P1	P2	P3	P4	P1	P2	P3	P4	P1	P2	P3	P4
季初在制品盘点(请填余额)																
更新短期贷款/短期贷款还本付息																
申请短期贷款																
原材料入库/更新原料订单																
下原料订单																
购买/租用厂房																
更新生产/完工入库																
新建/在建/转产/变卖生产线																
紧急采购(随时进行)																
开始下一批生产																
更新应收款/应收款收现																
按订单交货																
产品研发投资																
厂房出售(买转租)/退租/租转买																
新市场开拓/ISO 资格认证投资																
支付管理费																
出售库存																
厂房贴现																
应收款贴现																
在制品上线合计																
在制品下线合计																
季末在制品对账(请填余额)																
缴纳违约订单罚款																
支付设备维护费																
计提折旧													(		)	
新市场开拓/ISO 资格认证投资																
关账																

第二年

企业经营流程 请按顺序执行下列各项操作。	每执行完一项操作,生产总监需在方格内打钩,填写在制品和产品研发投资情况。															
新年度规划会议																
广告投放																
参加订货会选订单/登记销售订单																
制订新年度计划																
支付应付税																
支付长贷利息																
更新长期贷款/长期贷款还款																
申请长期贷款																
在制品台账	P1	P2	P3	P4	P1	P2	P3	P4	P1	P2	P3	P4	P1	P2	P3	P4
季初在制品盘点(请填余额)																
更新短期贷款/短期贷款还本付息																
申请短期贷款																
原材料入库/更新原料订单																
下原料订单																
购买/租用厂房																
更新生产/完工入库																
新建/在建/转产/变卖生产线																
紧急采购(随时进行)																
开始下一批生产																
更新应收款/应收款收现																
按订单交货																
产品研发投资																
厂房出售(买转租)/退租/租转买																
新市场开拓/ISO 资格认证投资																
支付管理费																
出售库存																
厂房贴现																
应收款贴现																
在制品上线合计																
在制品下线合计																
季末在制品对账(请填余额)																
缴纳违约订单罚款																
支付设备维护费																
计提折旧														( )		
新市场开拓/ISO 资格认证投资																
关账																

第三年

企业经营流程 请按顺序执行下列各项操作。	每执行完一项操作,生产总监需在方格内打钩,填写在制品和产品研发投资情况。															
新年度规划会议																
广告投放																
参加订货会选订单/登记销售订单																
制订新年度计划																
支付应付税																
支付长贷利息																
更新长期贷款/长期贷款还款																
申请长期贷款																
在制品台账	P1	P2	P3	P4	P1	P2	P3	P4	P1	P2	P3	P4	P1	P2	P3	P4
季初在制品盘点（请填余额）																
更新短期贷款/短期贷款还本付息																
申请短期贷款																
原材料入库/更新原料订单																
下原料订单																
购买/租用厂房																
更新生产/完工入库																
新建/在建/转产/变卖生产线																
紧急采购（随时进行）																
开始下一批生产																
更新应收款/应收款收现																
按订单交货																
产品研发投资																
厂房出售（买转租）/退租/租转买																
新市场开拓/ISO 资格认证投资																
支付管理费																
出售库存																
厂房贴现																
应收款贴现																
在制品上线合计																
在制品下线合计																
季末在制品对账（请填余额）																
缴纳违约订单罚款																
支付设备维护费																
计提折旧													(			)
新市场开拓/ISO 资格认证投资																
关账																

第四年

企业经营流程 请按顺序执行下列各项操作。	每执行完一项操作,生产总监需在方格内打钩,填写在制品和产品研发投资情况。															
新年度规划会议																
广告投放																
参加订货会选订单/登记销售订单																
制订新年度计划																
支付应付税																
支付长贷利息																
更新长期贷款/长期贷款还款																
申请长期贷款																
在制品台账	P1	P2	P3	P4	P1	P2	P3	P4	P1	P2	P3	P4	P1	P2	P3	P4
季初在制品盘点(请填余额)																
更新短期贷款/短期贷款还本付息																
申请短期贷款																
原材料入库/更新原料订单																
下原料订单																
购买/租用厂房																
更新生产/完工入库																
新建/在建/转产/变卖生产线																
紧急采购(随时进行)																
开始下一批生产																
更新应收款/应收款收现																
按订单交货																
产品研发投资																
厂房出售(买转租)/退租/租转买																
新市场开拓/ISO 资格认证投资																
支付管理费																
出售库存																
厂房贴现																
应收款贴现																
在制品上线合计																
在制品下线合计																
季末在制品对账(请填余额)																
缴纳违约订单罚款																
支付设备维护费																
计提折旧												( )				
新市场开拓/ISO 资格认证投资																
关账																

第五年

企业经营流程 请按顺序执行下列各项操作。	每执行完一项操作,生产总监需在方格内打钩,填写在制品和产品研发投资情况。															
新年度规划会议																
广告投放																
参加订货会选订单/登记销售订单																
制订新年度计划																
支付应付税																
支付长贷利息																
更新长期贷款/长期贷款还款																
申请长期贷款																
在制品台账	P1	P2	P3	P4	P1	P2	P3	P4	P1	P2	P3	P4	P1	P2	P3	P4
季初在制品盘点(请填余额)																
更新短期贷款/短期贷款还本付息																
申请短期贷款																
原材料入库/更新原料订单																
下原料订单																
购买/租用厂房																
更新生产/完工入库																
新建/在建/转产/变卖生产线																
紧急采购(随时进行)																
开始下一批生产																
更新应收款/应收款收现																
按订单交货																
产品研发投资																
厂房出售(买转租)/退租/租转买																
新市场开拓/ISO资格认证投资																
支付管理费																
出售库存																
厂房贴现																
应收款贴现																
在制品上线合计																
在制品下线合计																
季末在制品对账(请填余额)																
缴纳违约订单罚款																
支付设备维护费																
计提折旧												(	)			
新市场开拓/ISO资格认证投资																
关账																

第六年

企业经营流程 请按顺序执行下列各项操作。	每执行完一项操作,生产总监需在方格内打钩,填写在制品和产品研发投资情况。															
新年度规划会议																
广告投放																
参加订货会选订单/登记销售订单																
制订新年度计划																
支付应付税																
支付长贷利息																
更新长期贷款/长期贷款还款																
申请长期贷款																
在制品台账	P1	P2	P3	P4	P1	P2	P3	P4	P1	P2	P3	P4	P1	P2	P3	P4
季初在制品盘点(请填余额)																
更新短期贷款/短期贷款还本付息																
申请短期贷款																
原材料入库/更新原料订单																
下原料订单																
购买/租用厂房																
更新生产/完工入库																
新建/在建/转产/变卖生产线																
紧急采购(随时进行)																
开始下一批生产																
更新应收款/应收款收现																
按订单交货																
产品研发投资																
厂房出售(买转租)/退租/租转买																
新市场开拓/ISO 资格认证投资																
支付管理费																
出售库存																
厂房贴现																
应收款贴现																
在制品上线合计																
在制品下线合计																
季末在制品对账(请填余额)																
缴纳违约订单罚款																
支付设备维护费																
计提折旧													(	)		
新市场开拓/ISO 资格认证投资																
关账																

实战记录 E   采购总监实战记录

_____公司

采购总监_____

起始年

企业经营流程 请按顺序执行下列各项操作。	每执行完一项操作,采购总监需在相应的方格内打钩,填写原材料收支情况。															
新年度规划会议																
广告投放																
参加订货会选订单/登记销售订单																
制订新年度计划																
支付应付税																
支付长贷利息																
更新长期贷款/长期贷款还款																
申请长期贷款																
原材料库存台账	R1	R2	R3	R4	R1	R2	R3	R4	R1	R2	R3	R4	R1	R2	R3	R4
季初原材料盘点(请填余额)																
更新短期贷款/短期贷款还本付息																
申请短期贷款																
原材料入库/更新原料订单																
下原料订单																
购买/租用厂房																
更新生产/完工入库																
新建/在建/转产/变卖生产线																
紧急采购(随时进行)																
开始下一批生产																
更新应收款/应收款收现																
按订单交货																
产品研发投资																
厂房出售(买转租)/退租/租转买																
新市场开拓/ISO 资格认证投资																
支付管理费																
出售库存																
厂房贴现																
应收款贴现																
原材料入库合计																
原材料出库合计																
季末原材料对账(请填余额)																
缴纳违约订单罚款																
支付设备维护费																
计提折旧													(	)		
新市场开拓/ISO 资格认证投资																
关账																

第一年

企业经营流程 请按顺序执行下列各项操作。	每执行完一项操作,采购总监需在相应的方格内打钩,填写原材料收支情况。															
新年度规划会议																
广告投放																
参加订货会选订单/登记销售订单																
制订新年度计划																
支付应付税																
支付长贷利息																
更新长期贷款/长期贷款还款																
申请长期贷款																
原材料库存台账	R1	R2	R3	R4	R1	R2	R3	R4	R1	R2	R3	R4	R1	R2	R3	R4
季初原材料盘点(请填余额)																
更新短期贷款/短期贷款还本付息																
申请短期贷款																
原材料入库/更新原料订单																
下原料订单																
购买/租用厂房																
更新生产/完工入库																
新建/在建/转产/变卖生产线																
紧急采购(随时进行)																
开始下一批生产																
更新应收款/应收款收现																
按订单交货																
产品研发投资																
厂房出售(买转租)/退租/租转买																
新市场开拓/ISO 资格认证投资																
支付管理费																
出售库存																
厂房贴现																
应收款贴现																
原材料入库合计																
原材料出库合计																
季末原材料对账(请填余额)																
缴纳违约订单罚款																
支付设备维护费																
计提折旧												( )				
新市场开拓/ISO 资格认证投资																
关账																

第二年

企业经营流程 请按顺序执行下列各项操作。	每执行完一项操作,采购总监需在相应的方格内打钩,填写原材料收支情况。															
新年度规划会议																
广告投放																
参加订货会选订单/登记销售订单																
制订新年度计划																
支付应付税																
支付长贷利息																
更新长期贷款/长期贷款还款																
申请长期贷款																
原材料库存台账	R1	R2	R3	R4	R1	R2	R3	R4	R1	R2	R3	R4	R1	R2	R3	R4
季初原材料盘点(请填余额)																
更新短期贷款/短期贷款还本付息																
申请短期贷款																
原材料入库/更新原料订单																
下原料订单																
购买/租用厂房																
更新生产/完工入库																
新建/在建/转产/变卖生产线																
紧急采购(随时进行)																
开始下一批生产																
更新应收款/应收款收现																
按订单交货																
产品研发投资																
厂房出售(买转租)/退租/租转买																
新市场开拓/ISO 资格认证投资																
支付管理费																
出售库存																
厂房贴现																
应收款贴现																
原材料入库合计																
原材料出库合计																
季末原材料对账(请填余额)																
缴纳违约订单罚款																
支付设备维护费																
计提折旧											(	)				
新市场开拓/ISO 资格认证投资																
关账																

第三年

企业经营流程 请按顺序执行下列各项操作。	每执行完一项操作，采购总监需在相应的方格内打钩，填写原材料收支情况。															
新年度规划会议																
广告投放																
参加订货会选订单/登记销售订单																
制订新年度计划																
支付应付税																
支付长贷利息																
更新长期贷款/长期贷款还款																
申请长期贷款																
原材料库存台账	R1	R2	R3	R4	R1	R2	R3	R4	R1	R2	R3	R4	R1	R2	R3	R4
季初原材料盘点(请填余额)																
更新短期贷款/短期贷款还本付息																
申请短期贷款																
原材料入库/更新原料订单																
下原料订单																
购买/租用厂房																
更新生产/完工入库																
新建/在建/转产/变卖生产线																
紧急采购(随时进行)																
开始下一批生产																
更新应收款/应收款收现																
按订单交货																
产品研发投资																
厂房出售(买转租)/退租/租转买																
新市场开拓/ISO 资格认证投资																
支付管理费																
出售库存																
厂房贴现																
应收款贴现																
原材料入库合计																
原材料出库合计																
季末原材料对账(请填余额)																
缴纳违约订单罚款																
支付设备维护费																
计提折旧															( )	
新市场开拓/ISO 资格认证投资																
关账																

第四年

企业经营流程 请按顺序执行下列各项操作。	每执行完一项操作，采购总监需在相应的方格内打钩，填写原材料收支情况。															
新年度规划会议																
广告投放																
参加订货会选订单/登记销售订单																
制订新年度计划																
支付应付税																
支付长贷利息																
更新长期贷款/长期贷款还款																
申请长期贷款																
原材料库存台账	R1	R2	R3	R4	R1	R2	R3	R4	R1	R2	R3	R4	R1	R2	R3	R4
季初原材料盘点(请填余额)																
更新短期贷款/短期贷款还本付息																
申请短期贷款																
原材料入库/更新原料订单																
下原料订单																
购买/租用厂房																
更新生产/完工入库																
新建/在建/转产/变卖生产线																
紧急采购(随时进行)																
开始下一批生产																
更新应收款/应收款收现																
按订单交货																
产品研发投资																
厂房出售(买转租)/退租/租转买																
新市场开拓/ISO 资格认证投资																
支付管理费																
出售库存																
厂房贴现																
应收款贴现																
原材料入库合计																
原材料出库合计																
季末原材料对账(请填余额)																
缴纳违约订单罚款																
支付设备维护费																
计提折旧													(	)		
新市场开拓/ISO 资格认证投资																
关账																

第五年

企业经营流程 请按顺序执行下列各项操作。	每执行完一项操作，采购总监需在相应的方格内打钩，填写原材料收支情况。															
新年度规划会议																
广告投放																
参加订货会选订单/登记销售订单																
制订新年度计划																
支付应付税																
支付长贷利息																
更新长期贷款/长期贷款还款																
申请长期贷款																
原材料库存台账	R1	R2	R3	R4	R1	R2	R3	R4	R1	R2	R3	R4	R1	R2	R3	R4
季初原材料盘点（请填余额）																
更新短期贷款/短期贷款还本付息																
申请短期贷款																
原材料入库/更新原料订单																
下原料订单																
购买/租用厂房																
更新生产/完工入库																
新建/在建/转产/变卖生产线																
紧急采购（随时进行）																
开始下一批生产																
更新应收款/应收款收现																
按订单交货																
产品研发投资																
厂房出售（买转租）/退租/租转买																
新市场开拓/ISO 资格认证投资																
支付管理费																
出售库存																
厂房贴现																
应收款贴现																
原材料入库合计																
原材料出库合计																
季末原材料对账（请填余额）																
缴纳违约订单罚款																
支付设备维护费																
计提折旧												(	)			
新市场开拓/ISO 资格认证投资																
关账																

第六年

企业经营流程 请按顺序执行下列各项操作。	每执行完一项操作,采购总监需在相应的方格内打钩,填写原材料收支情况。															
新年度规划会议																
广告投放																
参加订货会选订单/登记销售订单																
制订新年度计划																
支付应付税																
支付长贷利息																
更新长期贷款/长期贷款还款																
申请长期贷款																
原材料库存台账	R1	R2	R3	R4	R1	R2	R3	R4	R1	R2	R3	R4	R1	R2	R3	R4
季初原材料盘点(请填余额)																
更新短期贷款/短期贷款还本付息																
申请短期贷款																
原材料入库/更新原料订单																
下原料订单																
购买/租用厂房																
更新生产/完工入库																
新建/在建/转产/变卖生产线																
紧急采购(随时进行)																
开始下一批生产																
更新应收款/应收款收现																
按订单交货																
产品研发投资																
厂房出售(买转租)/退租/租转买																
新市场开拓/ISO 资格认证投资																
支付管理费																
出售库存																
厂房贴现																
应收款贴现																
原材料入库合计																
原材料出库合计																
季末原材料对账(请填余额)																
缴纳违约订单罚款																
支付设备维护费																
计提折旧													( )			
新市场开拓/ISO 资格认证投资																
关账																

20__级_____专业
__组沙盘模拟实验报告

首席执行官：姓名_____ 学号_____

生产总监： 姓名_____ 学号_____

采购总监： 姓名_____ 学号_____

营销总监： 姓名_____ 学号_____

财务总监： 姓名_____ 学号_____

20　　年　月

实 验 报 告

年级：　　　　级

学号：

姓名：

实验时间：

一、实验目的：在 ERP 模拟实习中，了解真实企业的运营过程。通过模拟企业经营运作的全过程，了解经营本质，明白企业的战略规划对企业的发展是多么重要，分别做出发展战略、生产、产品研发、营销等方面的决策；了解各个岗位在企业中的作用，了解企业的经营是多么困难，对知识的运用是何种层次的要求；了解自身的不足，努力使自己与社会要求相适应。

二、实验内容：由 4~6 位同学组成一个公司，分别担任公司的 CEO、生产总监、采购总监、财务总监、营销总监，模拟公司六年的经营，总结在模拟中的经验教训。

三、实验器材：

四、实验步骤：

五、实验结果：

模拟沙盘总结报告

一、概述：

二、企业战略及实际执行状况
第一年：

第二年：

第三年：

第四年：

第五年：

第六年：

三、总结经验教训

参考文献

［1］王新玲,柯明,耿锡润.ERP 沙盘模拟学习指导书［M］.北京:电子工业出版社,2006.

［2］王新玲,郑文昭,马雪.ERP 沙盘模拟高级指导教程［M］.北京:清华大学出版社,2009.

［3］刘树良.企业沙盘模拟决策理论与实战［M］.北京:电子工业出版社,2008.

［4］徐君.企业战略管理［M］.北京:清华大学出版社,2008.

［5］王勇.市场营销理论与实务［M］.重庆:重庆大学出版社,2010.

［6］李国强,苗杰.市场调查与市场分析［M］.北京:中国人民大学出版社,2005.

［7］陈荣秋,马士华.生产运作管理［M］.北京:高等教育出版社,2001.

［8］马士华.供应链管理［M］.北京:机械工业出版社,2000.

［9］利恩德斯.采购与供应管理［M］.张杰,张群,译.北京:机械工业出版社,2001.

［10］瓦霍维奇.财务管理基础［M］.刘曙光,译.北京:清华大学出版社,2009.

［11］王化成.财务管理［M］.北京:中国人民大学出版社,2010.

［12］包昌火,谢新洲.竞争情报与企业竞争力［M］.北京:华夏出版社,2001.

［13］缪其浩.市场竞争和竞争情报［M］.北京:军事医学科学出版社,1996.

［14］彭靖里.论企业竞争情报研究与竞争情报示范工程［J］.情报杂志,2004.

［15］王知津.竞争情报［M］.北京:科学技术出版社,2004.

［16］董红杰,吴泽强.企业经营 ERP 沙盘应用教程［M］.北京:北京大学出版社,2012.

［17］刘平.ERP 沙盘实训手册——企业经营沙盘模拟实战对抗［M］.北京:清华大学出版社,2011.